研究生教育创新重点系列教材（一）

篮球经典战例解析

池 建 毕仲春 主编

人民体育出版社

比較国法民事訴訟

编委会名单

主编：池 建　毕仲春

编委：郭永波　张 勇　单曙光
　　　王 威　严元哲　郑 磊
　　　刘 云　李惠林　张军鹏
　　　杨双平　王英峰　李 征
　　　崔德钢　杨 华　李丹阳

前 言

世界篮球赛场几十年间演绎了无数惊心动魄的经典传奇，造就了无数风流人物，至今回荡和缠绕在人们的脑海里，这样的奇妙瞬间和故事今天仍然在不断地被演绎和复制。在本书刚刚交稿时CBA赛场仅仅是季后赛"八一"和辽宁两家俱乐部三场比赛胜负都在一分之间，中央5套体育频道连续现场直播，引起国人的关注程度超过NBA。无怪乎那么多的少年、青年，包括成年人争先恐后地涌向篮球场，希望在这个创造传奇的运动中找到属于自己的那个角色，为个人的事业和生活树立前进的标尺。

本书内容涵盖面很广，收录了美国NBA、中国CBA和世界篮球锦标赛22个经典战例向读者和篮球业内人士进行分析和介绍。在这些战例中既有"万马军中取上将首级如探囊取物"的决胜时刻单骑救主的赵子龙式的英雄，也有一着不慎全盘皆输的诸葛亮失街亭、挥泪斩马谡的故事。它力求将篮球专业深层次的理论知识融汇于这些战例中，集专业性、知识性和趣味性于一体，使广大读者在阅读本书时学习到篮球比赛中的谋略、技巧、智慧、精神和力量，加深对篮球运动全方位的认识。这本书也有利于专业篮球教练员、运动员和研究人员从中研究分析找出其中的规律及特性以指导训练与比赛实践。同时，作为体育院校的篮球专业的教师和学生将本书作为专业教材的一种补充，在提高学生基础理论和基本技能学习的基础上加强实践感性知识的领悟，是非常有理论和实践意义的。

参与本书战例编写的均为教授、博士或硕士，他们在其所撰写的内容上有很深的专业素养和独到见解，在本书的编写过程中，我们引用和参阅了大量的文献资料和网上评论，有些文献资料的作者并未在书中列出，在此谨向他们表示感谢！

主编

2008年2月

序

随着世界范围内篮球运动的交流和融合，世界篮球各国之间的差距越来越小，从近年来世界大赛可以看出，篮球强国之间的比赛差距甚微，谁在比赛中发挥出色、谁在最后时刻把握得好，谁就会获得冠军。

比赛对手实力的接近，使得比赛越来越精彩，很多比赛到最后时刻才分出胜负，甚至在比赛的最后一秒钟、最后一次进攻，甚至是最后百分之几秒的时刻决定胜负。在NBA有很多最后时刻反败为胜的经典比赛，在奥运会、世界锦标赛和CBA也经常出现类似的激动人心的场面，这极大地刺激了篮球职业联赛的发展，也吸引了世界人们的目光，纵观篮坛20年的历史，最后时刻翻盘，反败为胜或大好局面瞬时丧失的战列比比皆是，从NBA到CBA，从女篮到男篮的比赛使人激动，使人兴奋。2006年男篮世锦赛，中国男篮以一分领先击败斯洛文尼亚队；2004年雅典奥运会，中国男篮在小组赛中同样是以一分之差击败塞黑队，进入八强；2002年釜山亚运会，中国男篮在比赛最后时刻连丢7分，将金牌输掉。这些战例都使现场观看和在电视机前面的观众瞬时置入冰火两重天的境地。

北京体育大学池建教授、毕仲春副教授组织编写了这本篮球经典战例集锦，将中外各国著名比赛收录、编写和介绍。他山之石，可以攻玉。即使读者的角色不同，但是在篮球语境全球化的模式下，我们与世界各国站在同一个平台上，将这些经典比赛最后时刻的攻防战术、配合、技术的运用，两队战略的安排，战术的选择与运用，技术的运用与效果，教练员智慧的角力，等等，编为兼有知识性、趣味性、故事性和专业性的一本书，无疑是对我国广大的篮球爱好者、运动员、教练员、专业院校师生及广大读者的有益的指导和帮助。

同时，以这本书为起点，继续深入广泛地研究比赛关键时刻双方球队的技术、战术、心理、意志的临场表现和发挥以及教练员的比赛指挥艺术，无疑对于我国职业俱乐部、业余体育学校、"大超"和CUBA的教练员专研比赛指挥艺术，提高训练水平，使运动员在比赛中控制比分、时间和节奏，把握胜利的机会，有着深刻的启迪，这对于提高我国篮球运动技术水平是非常有意义的。

是为序。

北京体育大学教授
中国篮球协会副主席
2008-1-25

图 例

○ ① 进攻队员、1号进攻队员

● ❶ 防守队员、1号防守队员

┈┈▶ 传 球

──▶ 队员移动路线

∽∽▶ 队员运球路线

──┼▶ 投 篮

──┤ 掩 护

⋂ 夹击及关门

目 录

中国篇 ······ / 1

"鸣帅"率中国男篮"黄金一代"进奥运八强 / 2

老"黄忠"蒋帅遭遇法国剑客里高多 / 9

釜山一战惊总理,中国男篮失街亭 / 23

一夫当关,姚明力擎中国男篮二进宫 / 32

众将用命,王仕鹏辕门逞威射落斯洛文尼亚 / 41

巾帼不让须眉,中国女篮在世界赛场扬威 / 49

铿锵玫瑰,第十四届亚运会中韩女篮龙虎斗 / 56

既生瑜,何生亮,南钢与宏远解不开的冠军情仇 / 66

三十年河东,三十年河西,

    "郅者"归来重建"八一"王朝 / 78

浪子回头,"八一"演绎王者归来 / 87

世界篇 ······ / 97

梦里探花,阿根廷男篮对梦的解析 / 98

绿色旋风席卷欧洲,卫冕冠军失意雅典 / 107

小球队打大仗,希腊上演神话战胜梦七队 / 115

两强相遇勇者胜,世锦赛成就斗牛士风采 / 131

NBA 篇 ...... / 143

牛刀小试，"飞人"力压"滑翔机" / 144

永不言败，"米勒时刻"击败乔丹 / 150

众志成城，公牛队不是乔丹一个人在战斗 / 157

黄金搭档双虎将，难敌"飞人"一将军 / 164

"小鱼儿"跳龙门，0.4 秒逗英豪 / 172

虎入羊群，"小飞侠"81 分戏猛龙 / 179

表演、冲突和阴谋，NBA 季后赛马刺涮太阳 / 186

小皇帝崭露头角，詹姆斯奥本山逞威 / 193

中国篇

"鸣帅"率中国男篮"黄金一代"进奥运八强

一、背景介绍

纵览中国男篮 30 年的世界篮坛征战史，就会发现最好成绩分别是 1994 年世锦赛和 1996 年、2004 年奥运会上的第 8 名（表 1-1-1）。

表 1-1-1　男篮在历届奥运会、世锦赛成绩一览表

奥运会			世锦赛		
时间	名次		时间		名次
			1978 年	第 8 届	第 11 名
1980 年	第 22 届	没参加	1982 年	第 9 届	第 12 名
1984 年	第 23 届	第 10 名	1986 年	第 10 届	第 9 名
1988 年	第 24 届	第 11 名	1990 年	第 11 届	第 14 名
1992 年	第 25 届	第 12 名	1994 年	第 12 届	第 8 名
1996 年	第 26 届	第 8 名	1998 年	第 13 届	没参加
2000 年	第 27 届	第 10 名	2002 年	第 14 届	第 12 名
2004 年	第 28 届	第 8 名	2006 年	第 15 届	进入 16 强

1996 年亚特兰大奥运会上，中国男篮的人员搭配非常合理，队伍的磨合也基本成型，在与世界最高水平的几支队伍的比赛中往往也能有着不俗的发挥，被称做"中国篮球黄金一代"，主要队员包括：单涛、巴特尔、王治郅、巩晓彬、吴乃群、刘玉栋、孙军、胡

卫东、郑武、李楠、吴庆龙、李晓勇，其中单涛、巩晓斌、胡卫东、孙军、吴庆龙五人参加过上届奥运会。这批球员经过CBA联赛的磨炼已日趋成熟，所有的球迷都期待着中国男篮能在亚特兰大奥运会上有所突破。中国男篮不负众望在主教练宫鲁鸣的率领下给国人带来了惊喜。

亚特兰大奥运会上，中国男篮小组赛的对手分别是安哥拉队、阿根廷队、立陶宛队、克罗地亚队和美国队。要想闯入前八强，就必须战胜安哥拉队和阿根廷队，而对于与"梦三队"、立陶宛队和克罗地亚队的比赛，很难取得胜利，而且输给3支强队，也不影响闯进前8强的目标。

中国男篮在首场对安哥拉的比赛中开局就陷入不利局面，一度落后对手12分，经过一番惊心动魄的鏖战，中国男篮最终反败为胜，以3分的优势胜出，赢得开门红。接下来的比赛中，中国男篮先后负于立陶宛队、克罗地亚队和美国队。最后一场对阿根廷，胜负直接影响到中国男篮能否进入8强。因在1994年的友好运动会上，中国队曾输给阿根廷队20分，此时能否战胜阿根廷队，还是一个未知数。

二、比赛进程

比赛开始，双方的比分就呈现出胶着状态，双方交互领先，上半场比赛进行到一半时，中国队换上王治郅、巩晓彬和胡卫东，通过严密的防守、准确的中投和抢断后的快攻，中国队将比分拉开，上半场结束时比分为51:38，中国队领先。

1. 稳定军心的一投

下半场，阿根廷队开始反扑，明显加强了对郑武突破的防守，不断利用突破和争抢前场篮板球给中国队内线施加压力，力图缩小比分差距。下半场开始不久，郑武快攻中扣篮不中，阿根廷队反击投中3分，分差缩小到8分。在下半场比赛开始3分钟后，中国队只领先5分。离比赛结束还有13分50秒时，中国队只领先1分，这时郑武抢到一个后场篮板球，然后运球到前场投中一个 2 分。

如图 1-1-1 所示，郑武⑤抢到后场篮板球后，李晓勇④接应运球推进到前场，刘玉栋⑪和胡卫东⑧快下，由于刘玉栋⑪和胡卫东⑧在同一侧快下，刘玉栋⑪向另一侧移动，郑武⑤和巩晓彬⑮跟进。

胡卫东⑧摆脱防守后接李晓勇④的传球，刘玉栋⑪移动到右侧给郑武⑤做掩护，郑武⑤利用掩护移动到左侧低策应区接胡卫东⑧的传球（图 1-1-2）。

郑武⑤接球后运球靠住防守队员，跳起后仰投篮，命中（图 1-1-3）。正是郑武的这个投篮使中国队保持领先。

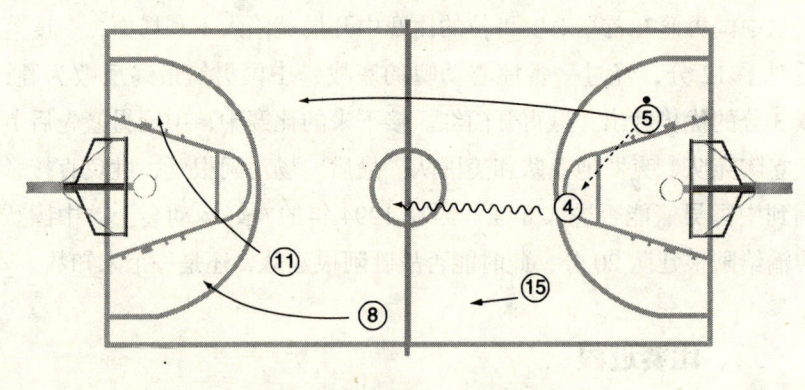

图 1-1-1

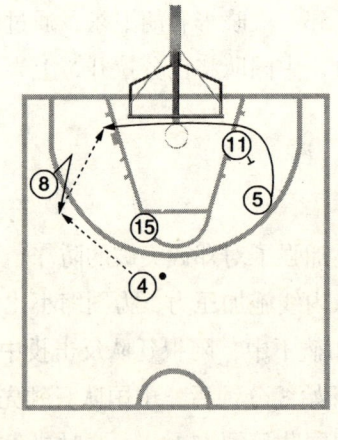

图 1-1-2

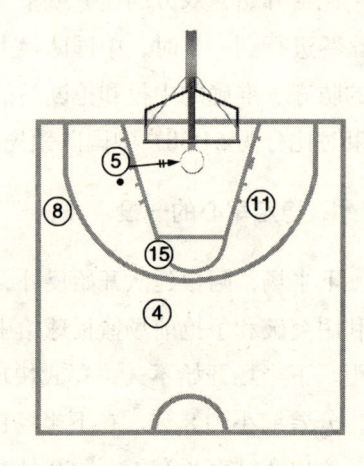

图 1-1-3

2. 确保胜利的强攻

此后比赛进入胶着状态，双方互有进球，比分始终没有拉开。离比赛结束还有 2 分钟时，中国 76:71 领先，这时巩晓彬打进一个关键进球，使分差拉大到 7 分，奠定了胜局。

如图 1-1-4 所示，郑武⑤持球，巩晓彬⑮上提到罚球线接球，胡卫东⑧向篮下切入。

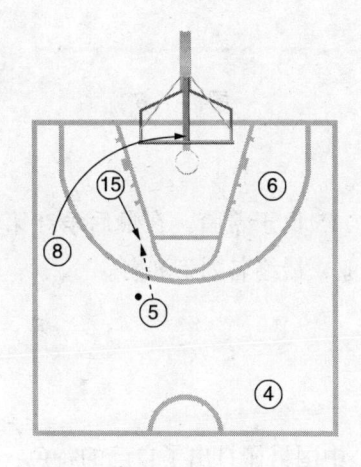

图 1-1-4

郑武⑤传球后向右侧移动，李晓勇④向左侧移动，王治郅⑥给胡卫东⑧做掩护。巩晓彬⑮将球传给郑武⑤（图 1-1-5）。

郑武⑤将球传给摆脱防守的李晓勇④，李晓勇④传球给巩晓彬⑮，巩晓彬⑮运球内线一打一成功（图 1-1-6）。

最终中国男篮以 87:77 获胜，成功晋级 8 强。在 5 到 8 名的交叉

图 1-1-5

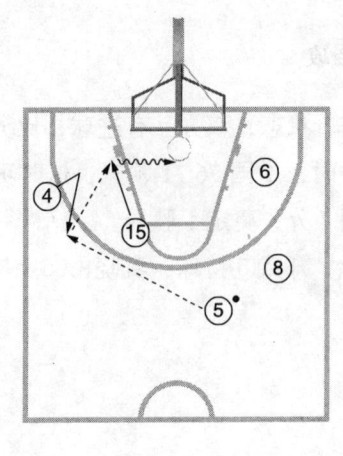

图 1-1-6

赛中，中国队以 75:115 负于希腊。在最后争夺第 7 名的比赛中，以 85:99 又负于克罗地亚，最终名列第 8 名。

三、点　评

在这场比赛中，中国男篮打出了自己的特色：中投准确、防守严密、快攻积极。尤其是郑武的中投和突破、胡卫东的快攻、巩晓彬的全面技术，这些给阿根廷队制造了很大的麻烦，王治郅整场比赛贡献 17 分、抢下 12 个篮板球，送出 5 次盖帽，为比赛胜利奠定了基础，也使世界篮坛认识和了解了王治郅。

从现在回顾历史，看看阿根廷男篮的成长之路，更让人深思。1996 年以来中国队与阿根廷队共交手 4 次，中国队以一胜三负处于劣势。唯一的胜利是在 1996 年亚特兰大奥运会，宫鲁鸣带领队伍以 87:77 击败阿根廷挺进八强。另外，在 2004 年雅典奥运会（57:82）、2004 年"钻石杯"（74:84）、2002 年印第安纳波利斯世锦赛（71:95），中国队三负对手。

阿根廷男篮六年内迅速崛起，2002 年成为第一支击败"梦之队"的球队，2004 年雅典奥运会成为 1988 年以来第一支将美国队挡在决赛之外的队伍,并在决赛中击败意大利成为冠军。是什么使阿根廷队取得如此的成绩?首先是阿根廷在1996年前后就开始向NBA、欧洲篮球强国输送人才,使球员在高水平的联赛中得到锻炼,阿根廷男篮成员基本都来自NBA、意大利、西班牙、希腊等美欧高水平篮球联赛,因此整体水平每年都在提高。现在,阿根廷队简直就是由NBA球员组成的另一支"梦之队"。他们拥有多名在NBA效力的超级球星,如马刺队的吉诺比利和法布瑞斯尔·奥博托、公牛队的功勋球员安德列斯·诺西奥尼、效力于活塞队的卡洛斯·德尔菲诺,此外还有帮助球队取得一个又一个辉煌成就的老替补球员阿雷昂德罗·蒙特奇亚(Alejandro Montecchia)。

其次,以团结互爱、坦诚正直、相互尊重和顽强信念为特点的团队精神是阿根廷男篮的根本支柱。从2000年起团队精神就已经渗透在每个阿根廷队员的头脑当中,也正是由于这种无坚不摧的精神力量,使得阿根廷男篮在雅典奥运会上获得了冠军。而在当时,阿根廷男篮的夺冠之路非常崎岖坎坷,曾在分组赛上输给西班牙和意大利队,但通过全队的顽强拼搏,绝处逢生进入了半决赛。半决赛上,阿根廷队牢牢把握住机会,成功击败美国"梦之队"。决赛中,阿根廷队再战老对手意大利队,阿根廷队发挥出色,最终夺得奥运会男篮比赛的冠军。或许从那时候开始,人们开始从真正意义上了解阿根廷国家男篮了,在这样一个疯狂热爱足球的国家,竟然在篮球领域也达到世界顶尖水平确实令人感到惊讶。殊不知,阿根廷早就是第1届男篮世锦赛的冠军,同时还是主办国。

如今,用"统治"一词完全可以说明2002年以来阿根廷男篮在国际篮坛的地位。虽然拥有众多NBA球星,但球员们并没有因此而狂妄自大,阿根廷男篮是一支团结的球队,这种凝聚力往往能够让他们在比赛中的防守做得特别出色。这也是他们能够取得更多胜利的保证。正如后卫蒙特奇亚所说:"当我们开始在防守上变得积极并给予对手压迫时,我们就会获得更多反攻的机会而造成领先。"

最后,吉诺比利是阿根廷队夺得奥运会男篮冠军的最大功臣。阿根廷的第一运动当属足球,吉诺比利也非常喜欢足球。但他的父亲是阿根廷篮球界的知名人士，并希望自己的 3 个孩子都成为篮球明星，极具运动天赋的吉诺比利就这样选择了篮球。他说："我的未来一开始就已经定好了。"不过，在篮球场上，他获得了更大的成功，球迷都称他为"阿根廷飞人"。狂放而不粗野，流畅而不张扬，这是吉诺比利的性格，他在球场上总是竭尽全力，在球队需要他的时候挺身而出，从不计较个人得失。阿根廷男篮主帅塞尔吉奥·赫尔南德斯说："近两年篮球在阿根廷的受关注程度，是我以前不敢想象的。"赫尔南德斯说，"我记得就在 2002 年世锦赛上，还没人知道吉诺比利是谁，但现在他被阿根廷人当做神来崇拜。"在布宜诺斯艾利斯最繁华的佛罗里达商业街上，吉诺比利的马刺球衣与马拉多纳的球衣一样畅销，而且两种球衣售价都是 79.99 比索。

现在，经过 CBA 的培养和磨炼，中国男篮有一批具有潜质的年轻选手，也有姚明、易建联等这样的世界级选手，如何进一步锻造这批具有潜质的选手，并在 2008 年奥运会上取得好成绩是中国篮球界需要面临的一大问题，阿根廷男篮的发展道路也许能给我们一些启示。

老"黄忠"蒋帅
遭遇法国剑客里高多

一、背景介绍

2000年奥运会男子篮球共12支球队,分两个组。

A组:立陶宛、新西兰、中国、美国、法国、意大利

B组:俄罗斯、安哥拉、加拿大、澳大利亚、西班牙、南斯拉夫

2000年9月21日,中法对决,此前中国男篮已经战胜了新西兰队。中国男篮自1978年参加世锦赛以来,只在1994年世锦赛和1996年奥运会上获得过第8名的最好成绩。法国在15届世锦赛中4次闯入前6名。赢下新西兰队之后,中国队就将目标瞄向了法国队。在这个小组中,美国队、立陶宛队和意大利队的实力都远在中国队之上,只有拼掉法国队,中国男篮才能在进入前8名的路上争取到主动。在中国队拥有姚明、王治郅、巴特尔三大高中锋的情况下,中国男篮前主教练王非曾说过这样一段话:如今这支中国男篮从身材条件和组成结构方面来分析,都是历史上最强的阵容之一,有条件打出好成绩,但好条件并不就等于好成绩。王非不幸言中。

在下半场开始老将郑武出场,尽管没有直接投篮得分,但通过突破、分球、上篮造成法国队6次犯规,12次罚篮全部命中,并且没有出现失误,场上表现应该说可圈可点。10分58秒时,法国队员斯蒂芬·里萨切纵切扣篮得分,59:53,中国队暂时领先,主教练蒋兴权请求暂停,后卫李晓勇被派上场,当时人盯人防守战术,李晓勇防守的正是法国连续得三分球的6号里高多。一直到还剩7分钟时姚明才

被派上场，在场下大约休息了 17 分钟的比赛时间，当然也是由于 4 次犯规在身。5 分 50 秒时，由于里高多连续 3 个三分球和 1 个二分球，中国队难以有效地对其防守，被迫变成 2-3 联防，在联防的 40 秒内，里高多又有 2 个三分球命中。还有 4 分钟时，李晓勇被郭士强换下场，没有得分，场上比分 68:72，中国队从领先 6 分到落后 4 分。

二、比赛进程

1. 轻描淡写

场上形势：下半时还剩下 12 分 42 秒（当时规则是上下半场各 20 分钟），中国队以 59:45 领先 14 分。

场上队员：中国队郭士强⑥、郑武⑫、刘玉栋⑪、巴特尔⑭、胡卫东⑧，场上位置如图 1-2-1 所示，法国队里高多⑥、费奥里斯特⑦、比尔巴⑭、里萨切·斯蒂芬⑩、朱里安·克里尔⑫。法国队里高多⑥从右侧 45°角运球突破，当郭士强⑥被突破后，刘玉栋⑪和郑武⑫完全可以"关门"或者补防，然而，二人好像并没有补防的意识，直到里高多突破到篮下时，巴特尔⑭才跳起封盖里高多的投篮，结果封盖不成，2 分球应声入网。事实上，位于篮下的巴特尔⑭完全可以提前卡住里高多上篮的路线，造成带球撞人或者迫使其分球。然而，巴

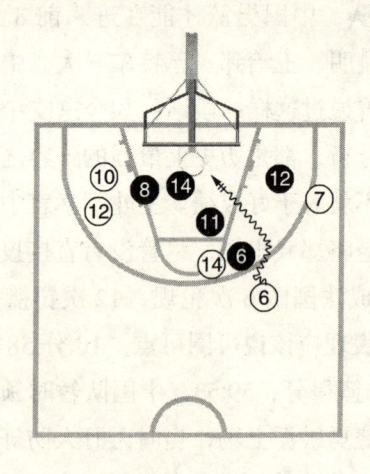

图 1-2-1

特尔只是起跳封盖、干扰，对抗不够。

2. 犹豫不决

比赛进程：下半场离比赛结束还剩 12 分零 1 秒时，中国队 59:48 领先。

场上队员如图 1-2-2 所示，郭士强⑥控制球，巴特尔⑭向下压给刘玉栋⑪掩护，刘玉栋⑪上提至弧顶附近接球，完全有机会投三分球出手，然而刘玉栋犹豫了，没敢出手，失去了一次很好的进攻机会（图 1-2-3）。随后，郭士强仓促运球突破投篮（马上面临 24 秒违例），没能投中。

图 1-2-2 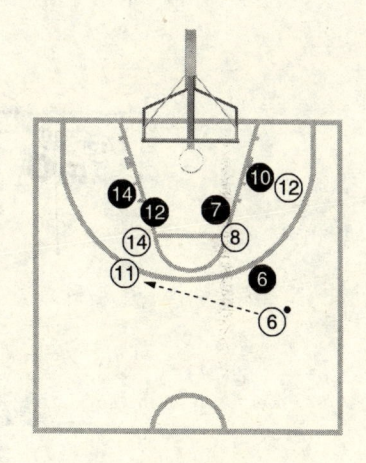　　　　　　　　　图 1-2-3

3. 力不从心

法国队朱里安·克里尔⑫抢到后场篮板球，马上传球给里高多⑥，快速推进从左侧向篮下突破（图 1-2-4）。当遇到巴特尔⑭的协防时，分球给同伴比尔巴⑭（图 1-2-5），然后空切溜底线向右侧绕出，利用比尔巴的前掩护三分线外投篮出手命中，而跟防的郭士强⑥和防守比尔巴⑭的刘玉栋⑪都没有绕出来防守封盖（图 1-2-6）。而和法国

篮球经典战例解析

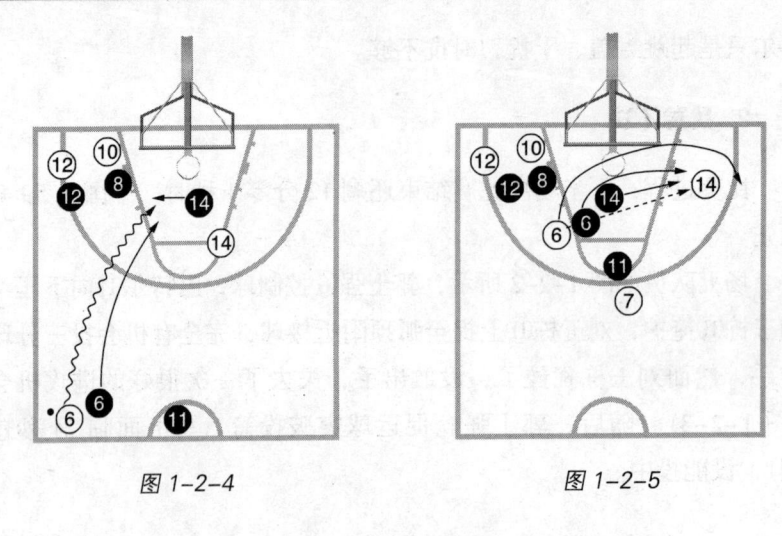

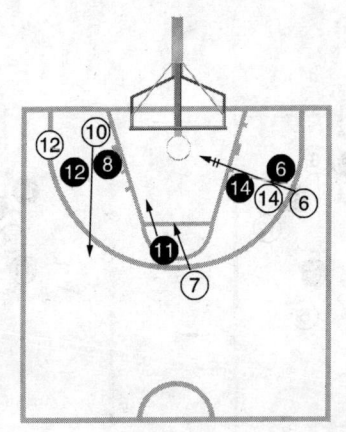

图 1-2-4

图 1-2-5

图 1-2-6

队如出一辙的前掩护战术，巴特尔利用前掩护为刘玉栋在三分线附近创造投篮机会，有机会投篮时没出手，浪费一次投篮机会，而法国队里高多⑥利用同伴的前掩护果断的远投三分命中，此时，还有11分37秒比赛结束，中国队59:51领先。

正当法国队的斗志和士气逐渐高涨时，中国队员应该予以猛烈还击，通过凶猛突破、果断投篮等手段力挫其士气，然而中国队却过度求稳而贻误战机，也从一定程度上反映出中国队的自信心不足和攻击

12

能力不强的弱点。

4. 望其项背

还剩下 10 分 56 秒，法国比尔巴⑭在弧顶控制球，利用自己的定位掩护传球给斯蒂芬⑩（图 1-2-7），斯蒂芬利用掩护运球纵向切入，由于胡卫东❽没能及时挤过跟防斯蒂芬，而郭士强❻也没能及时换防，造成斯蒂芬直接扣篮得分（图 1-2-8）。事实上，在近 2 分钟的时间里，中国队一分未得，而对手已经连续得 8 分，在这种情况下，如果中国队员头脑清醒的话，宁可犯规也不能让其得分，因为，此时最关键的是运动员的士气，更何况是法国队大力扣篮呢！此时，场上比分 59:53，中国队在 1 分钟前还领先的 14 分，转眼只有 6 分。

图 1-2-7 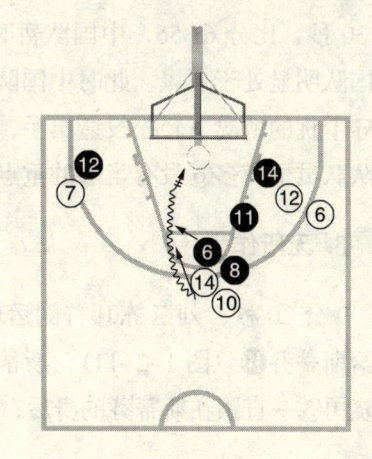　　　　　　　　　图 1-2-8

5. 顾此失彼

刘玉栋接胡卫东的中路突破分球后，在右侧中距离投篮得 2 分。法国队掷端线界外球，迅速向前场推进，法国斯蒂芬⑩突破胡卫东❽后，防守里高多⑥的李晓勇❺迅速补防（图 1-2-9），斯蒂芬⑩突至左侧三分线附近时分球给弧顶的里高多⑥，胡卫东❽回来跟防已经来不及了，里高多跳起三分投篮球应声入网（图 1-2-10）。时间剩下 10

13

篮球经典战例解析

图 1-2-9

图 1-2-10

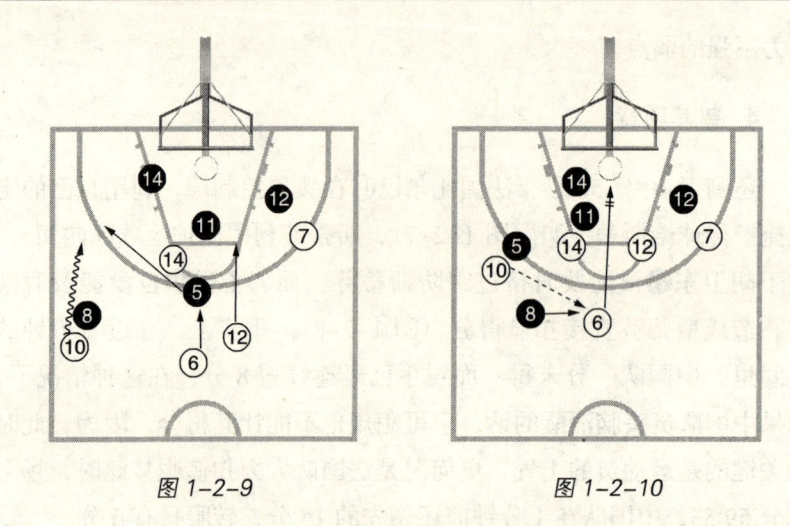

分 30 秒,比分 61:56,中国队暂时领先,但从场上队员的士气来看,中国队明显处于下风。此时中国队采取的是联防战术,里高多在没有防守干扰的情况下轻松投篮出手,说明当时的场上队员及教练员对法国队队员里高多⑥没有足够的重点盯防。

6. 无所作为

9 分 20 秒,刘玉栋⑪右侧运球突破被比尔巴⑭抢断球,迅速传球给斯蒂芬❿（图 1-2-11）,斯蒂芬快速运球向前场推进快攻,此时李晓勇⑤一直跟在斯蒂芬的身后,直到 2 分球轻松中篮（图 1-2-12）。

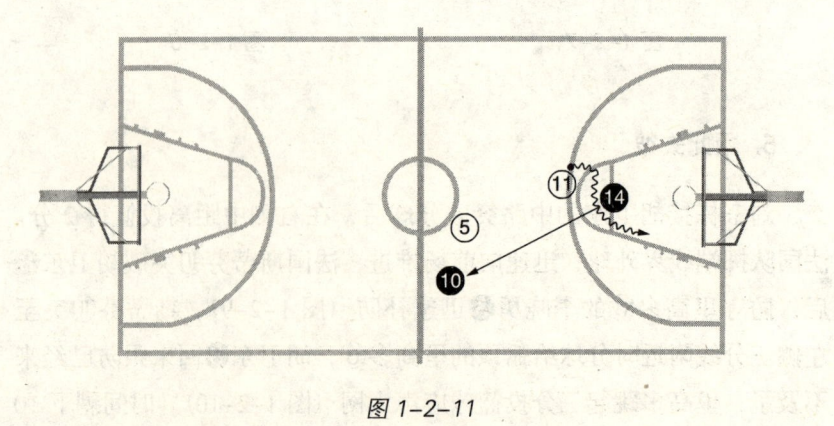

图 1-2-11

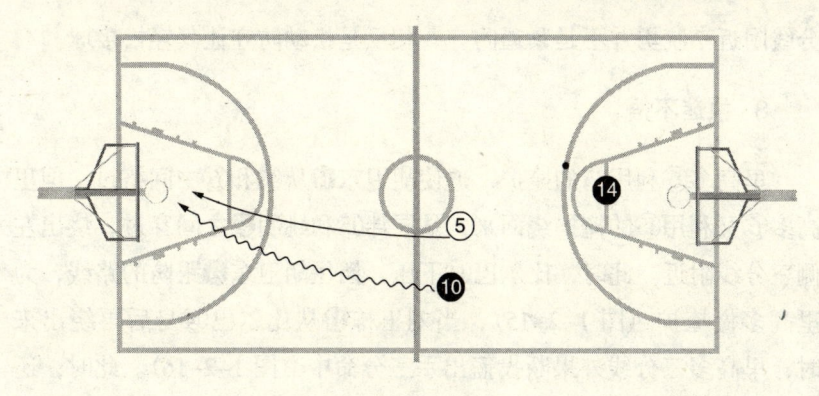

图 1-2-12

事实上，李晓勇⑤完全可以采用犯规战术把斯蒂芬的上篮拉下来，即使让其罚球两次，也不允许法国队把士气打起来。因为此时 63:60，中国队只领先 3 分球，并且法国队已经从最大分差落后 14 分连续得 11 分，而中国只从 59 分长到 63 分，仅得 4 分，被法国队打了一个 11:4 的小高潮。在这种情况下，李晓勇⑤还让斯蒂芬轻松上篮得分，说明运动员在场上头脑不清醒，没有对场上形势有一个整体、全面的把握，暴露出运动员的战术意识问题。

7. 盯防不紧

7 分 10 秒时，李晓勇⑤、胡卫东⑧、郑武⑫、刘玉栋⑪、姚明⑬在场上。

当里高多⑥连续命中 2 个三分球和 1 个两分球后，并没有引起中国队员和教练员的重点盯防，而法国队意图非常明确，全队围绕里高多为其创造机会。如图 1-2-13 所示，里高多⑥埋伏于底线附近，利用⑮和⑭两名队员的连续掩护，大范围地跑动溜出底线上提至左侧高位三分线附近，斯蒂芬⑩传球给里高多，然后斜插拉开。比尔巴⑭至弧顶给里高多⑥掩护，里高多向右运球看到胡卫东⑧的换防没有及时跟上，迅速跳起投篮三分命中（图 1-2-14）。此时比分 66:63。事实上，如果盯防里高多⑥的李晓勇意识到要对其重点防守的话，当里高多大范围绕出至弧顶完全可以采用紧逼防守不让其控制球，然而在三分线附近李晓勇并不是紧逼防守，相反是松动防守让其轻松接球。

8. 执迷不悟

里高多⑥利用⑮的掩护，迫使胡卫东❽从⑮和⑥中间挤过，但里高多⑥又利用⑮的掩护绕回来，从同伴⑮和姚明⓭之间穿过，绕出左侧三分线附近。此时，比尔巴⑭下压，挡住胡卫东❽跟防的路线，为里高多做掩护（图 1-2-15），当刘玉栋⓫从比尔巴⑭身后再绕出来时，里高多三分线外果断投篮出手三分命中（图 1-2-16）。此时，还剩下 6 分 20 秒，比分 66:66。

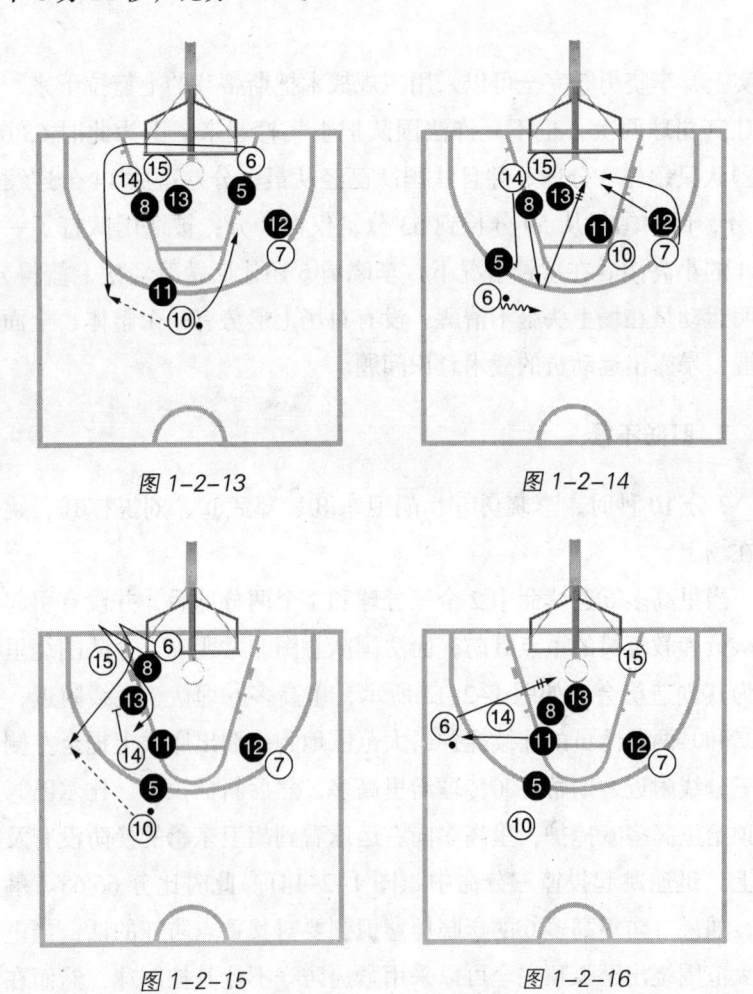

图 1-2-13

图 1-2-14

图 1-2-15

图 1-2-16

老"黄忠"蒋帅遭遇法国剑客里高多

至此，里高多个人在下半场从中国队以 59∶45 领先最大分差以来，已经命中 4 个三分球和 2 个两分球，独得 16 分，其他队员仅得 5 分，而中国队全队只得 7 分。

9. 执迷不悟还是无能为力

5 分 37 秒时，中国队采用 2-3 联防，如图 1-2-17 所示，李晓勇❺、胡卫东❽、姚明⓭、王治郅⓯、郑武⓬。里高多⑥控制球，传球给接应的队员⑤，然后斜插、溜底线至对侧三分线附近，同时费奥里斯特⑦轮转换位，⓯位于罚球线一带，由于姚明⓭的站位靠下，⑤轻松传球给⓯，后迅速转移至里高多⑥，三分线外轻松投篮命中（图 1-2-18）。此时比分 69∶68，法国队在离比赛结束还有 5 分 37 秒时第一次反超中国队。

从中国运动员的落位可以看出，当里高多⑥溜至左侧三分线附近时，位于左侧的郑武⓬并没有及时对位防守，充分说明里高多的外线投篮并没有引起队员的高度重视，根本不是防守跟不上的问题，所以其他队员也没有宁可放弃自己的位置而重点防守里高多，也许是中国队员认为里高多连续三分球命中只是偶然所致，并不是实力所为，所以心存侥幸，然而，噩梦却接连发生，是一个人阻挡了中国男篮迈进八强的脚步，还是自己对问题认识不足而自毁前程呢？

图 1-2-17

图 1-2-18

17

10. 鬼使神差

5分零4秒，当中国队胡卫东三分投篮不中后，法国里高多⑥沿左路推进，中国队依然是采用2-3联防战术，里高多⑥运球至三分线附近时传球给⑤，然后继续下压（图1-2-19），胡卫东❽没有跟防应该严密防守的里高多⑥，而是向中路回缩，此时⑤突然传球给里高多⑥，其面前没有防守，轻松跳起投篮再次命中三分球（图1-2-20）。在下半场6分钟的时间里，这已经是里高多的第6个三分球。场上比分68:72，中国落后4分。

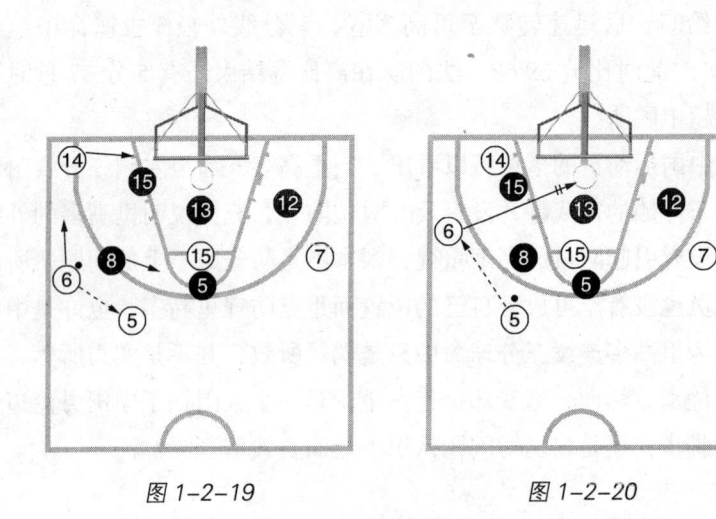

图1-2-19　　　　　　　　图1-2-20

11. 避重就轻

其实法国队针对中国队2-3联防，采用的战术很简单，就是全队为里高多⑥创造机会，如图1-2-21、图1-2-22所示，里高多⑥从底线溜出，利用中锋⑮的掩护出来接球，果断投篮命中，这是中国队联防情况下，里高多在1分钟内的第3次三分球投篮命中。

最后56秒时，中国队69:77落后8分，需要3个三分球，组织每个三分球需要十几秒的时间，此时应该采用犯规战术，并且法国队并不急于进攻，而是拖延时间，中国队并没有采用犯规战术。

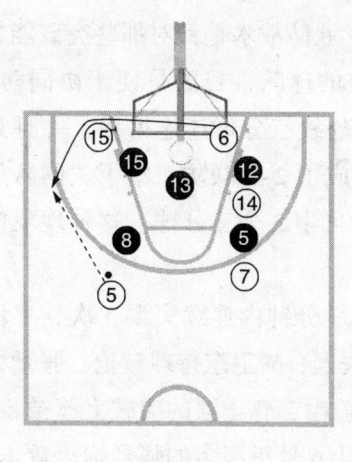

图 1-2-21   图 1-2-22

三、点 评

纵观全场比赛，分析失利原因归结为以下几点：

第一，在比分领先、对方比分逐渐接近的情况下，队员心理产生变化。比赛还剩 7 分 32 秒，比分为 66:60，中国队领先，队员这时心理负担加重，具体表现在刘玉栋四次进攻机会，四投仅一中，罚球两次全失，发挥失常，没有将比分差距拉大，这时里高多投中一个 3 分球，反使比分迫近，66:63。

第二，教练员战术调整没有及时跟上，当对方里高多连续进攻得手时，本方的进攻没有成效，关键时刻没有队员站出来，教练员也没有布置进攻的重点和战术移动的方法。这里存在一个辩证法的问题，当防守不能压制对方的进攻时，就需要由本方的进攻得分来解决。这时没有战术安排，没有关键球员站出来，进攻的困扰就发生了，当时间在 4 分 19 秒到 1 分 55 秒之间的时候，5 次进攻全部失误。

1. 防守。当中国队人盯人防守不成功时，法国 6 号里高多在 5 分钟内投中 4 个三分球，也许是教练员觉得中国队员在脚步移动方面跟不上里高多，所以暂停后采用 2-3 联防战术，但是采用联防战术后，里高多在 30 秒内投中 2 个三分球，又迫使中国男篮请求暂停。

我们具备篮球常识的人都应该知道，联防战术是针对那些突破能力强和内线强大，但外线投篮能力较差的球队，目的是便于协同防守。然而中国—法国的比赛，当法国队外线三分球连连得手，并且是一人所为时，中国队却神使鬼差的变成了2-3联防，给了法国队里高多更好的投篮机会，所以，30秒内再中2个三分球。这种现象值得我们深思。

2. 失误。中国队在最后的关键3分钟内连续失误5次，王治郅拿球被抢走和运球被掏、姚明传球失误、胡卫东持球被抢、张劲松传球出界、胡卫东的底角三分投篮被盖帽、郭士强的突破上篮被盖帽，这些都是很致命的。当然，在法国队6号里高多的强烈炮火攻击下，屡屡摧残着中国男篮队员的自信心，心理情绪起伏较大，动作变形，运球被掏、拿球被抢、传球失误或被断等，中国男篮运动员的斗志已经被完全摧垮。中国队最终70:82输掉了比赛，使中国男篮进军八强的梦想几乎丧失殆尽，后面的小组赛中的意大利和立陶宛队的实力更强。

27.6秒时中国队69:80落后11分，中国队掷后场界外球，后卫郭士强运球从后场向前场推进，从理论上讲，此时中国队落后11分，应该迅速向前场推进，马上组织进攻并争取三分，然而，中国队却缓慢推进，在前场也没有针对性地组织战术攻击，而是不慌不忙地运球，甚至是一个队员持球原地不动有几秒钟。这明显反映出中国队员已经彻底被击垮、完全绝望而放弃进攻。

3. 体能。中国男篮的体能问题是非常明显的，中法之战前30分钟中国一直控制场上局面，其后就不行了。2006年世锦赛时，中国对希腊、中国对美国等比赛也充分暴露中国男篮的体能问题，明显低于欧美球队，在下半场的表现尤其明显。

4. 犯规策略。中国男篮在下半场的防守中多次出现"2+1"，说明中国队防守的凶悍程度、以及对规则的理解和法国队不同，不疼不痒的犯规不仅2分有效，还要加罚一次。而法国队对中国队的防守，只要是中国队员的上篮，法国队的犯规是实实在在的，宁可给你两次罚球机会，但本次上篮绝对不让你得分，所以，中国队在下半场的所有罚球中没有出现一次"2+1",这充分说明中国篮球运动员对篮球规则和篮球运动的理解与法国队相比具有极大的差距。

5. 节奏。中国男篮进攻节奏慢、投篮次数少。

6. 战术意识。认清场上形势、纵观全局,对比赛的发展走向具有前瞻性判断,当需要犯规时,就要像战场上不惜牺牲生命的董存瑞、黄继光一样,即使犯规被罚出场外也义无反顾。如剩下 10 分 56 秒时,法国斯蒂芬⑩利用同伴的掩护运球切入篮下飞身扣篮,跟防的郭士强毫无反应。其实,法国队在上半场和下半场的前 8 分钟内一直打得死气沉沉,但此时法国队的连续得分,使士气逐步高涨,郭士强完全可以采用犯规战术,把斯蒂芬的上篮拉下来,给其两次罚球也不允许扣篮来提高士气,然而郭士强只是眼睁睁地望其项背。另如 9 分 20 秒时,斯蒂芬⑩从后场运球快攻上篮,李晓勇一直跟防,尽管处于不利位置,但完全可以在其上篮以前采用犯规战术,破坏其得分机会,然而李晓勇也是看着斯蒂芬⑩把球送入篮筐,助长了法国队的士气。其实,在这种情况下,法国队士气上扬的时候,应该采用犯规战术打压其得分士气,破坏直接得分的可能,特别是扣篮得分。中国队却一直有队员在喊不要犯规、不要再犯规了……

什么叫随机应变,见机行事?在战场上,当形势危急时,只有牺牲自己,才能保全他人或为战友创造更好的机会。篮球比赛场如同战场,双双为胜利而战,当比赛陷入被动,对方咄咄逼人时,与其坐以待毙,还不如来几颗人体炸弹,挫其锐气,涨我士气。尽管有战斗减员,但流血牺牲是必然的,与其束手就擒,何不拼死一搏呢?可见,中国男篮对篮球运动以及篮球战术的理解存在明显的误区,篮球战术不仅仅是队员的传切、掩护、策应等配合,也包括犯规战术,在关键时刻即使犯规被罚下,也要阻击对手的得分,因为篮球场上的得分就是阵地的争夺,哪怕是牺牲自己也要阻止对手占领阵地的脚步,才能为争取最后的胜利奠定基础。然而,中国男篮在场上却一味地容忍对手一步步地占领阵地,特别是当法国队吹响反攻的号角时。无独有偶,比赛剩下 9 分 20 秒时,法国队比尔巴⑭抢断球,传球给快速接应的斯蒂芬⑩,李晓勇⑤从中场一直紧随其后,眼睁睁看着对手轻松上篮得分。为什么不采取犯规战术阻止其得分呢，此时的李晓勇刚上场不久，一次犯规没有，有何实力可保存呢？此时已经被法国队打了个11:4的高潮，比分从59:45变成了63:60，这不是危急关头是什么呢？中国队员还在喊着"不要犯规了，不要再犯规了"，这是教练员的战术安排，还是运动员对场上形势的理解呢？

釜山一战惊总理，
中国男篮失街亭

一、背景介绍

中国篮球运动早在20世纪80年代就提出要冲出亚洲走向世界，经过20多年几代篮球人的努力，客观地讲中国男、女篮已经实现了这个基本目标。中国男女篮多次取得亚运会和亚洲锦标赛的冠军，中国男篮两次获得奥运会第八名、一次获得世锦赛第八名，中国女篮获得世界锦标赛第二名、第六名和奥运会第二名等好成绩。这些成绩的取得都说明了中国篮球运动已经冲出亚洲，走向世界。然而，中国篮球运动虽然已走向世界，但在亚洲中国篮球却不能独霸天下、稳坐泰山。不论是男篮比赛还是女篮比赛，多年以来一直是中国和韩国争当霸主，因此，每四年一届的亚运会或亚洲篮球锦标赛就成为两国篮球界"华山论剑"的战场。特别是两国男篮技战术特点突出、各有千秋；中国男篮在身高、力量、篮板球、内线得分等方面占有优势；而韩国男篮则在三分远投、突破分球、紧逼防守、反击快攻等方面强于中国男篮。

那么，在比赛中到底谁能制约住对手取得比赛的桂冠呢？这既要看运动员在比赛中的临场发挥，还要看教练员的排兵布阵、调兵遣将，临场指挥得是否得当。

2002年亚运会又是中国男篮与韩国男篮争夺冠军，这一场决定谁是亚洲男篮霸主的比赛不仅吸引了两国的篮球界，而且吸引了亚洲及国际上所有关心亚洲篮球的人们。特别是中国的姚明在当年作为

NBA 的状元秀加盟了休斯敦火箭队，同时也已在中国男篮中挑起大梁，这次与韩国队争雄能否从心理上镇住对手，从而轻松拿下对手是我国篮球界和球迷特别关心的焦点问题之一。由于有了姚明，中国男篮已经在心理上奠定了胜利的基础，再加上胡卫东、刘玉栋等老将辅佐，全队上下都充满了必胜的信心。国内篮球界和所有关心篮球运动的人们，也因此对本届中国男篮战胜韩国男篮充满了希望。

1. 两剑恩仇 31 载

中国与韩国男篮的宿怨可以追溯到三十多年前。1975 年，中国首次参加亚锦赛。当时的比赛分成两个阶段，其中第二阶段采取积分制。中国男篮在倒数第二轮碰上韩国男篮，结果中国男篮较为轻松地以 97:78 击败韩国男篮。在这一届亚锦赛上，中国男篮最终以 9 战全胜的战绩获得首个亚锦赛冠军。1979 年在名古屋进行的亚锦赛，中国男篮在半决赛中遭遇韩国，结果中国以 94:88 成功晋级决赛，并最终取得胜利。

1981 年，中国男篮以 96:64 大胜韩国队。但是一年之后的亚运会，韩国男篮以一分的微弱优势击败中国队。1983 年在中国香港的亚锦赛上，中国男篮复仇成功，以 92:63 获胜。1985 年，中韩两队又有交锋，韩国男篮取得胜利。1987 年亚锦赛决赛，两支球队在上下半场战成 69 平，在加时赛中，中国男篮取得胜利。1989 年的亚锦赛，中国男篮再度在决赛中击败韩国男篮。

1991 年的亚锦赛，中国男篮以 104:88 大胜韩国队。在两年之后的第 17 届亚锦赛半决赛，中国男篮又以 81:62 击败韩国队。1995 年，中国男篮以 87:78 再胜韩国队。1997 年的亚锦赛半决赛，中国男篮以 72:86 负于韩国男篮。1999 年，中国男篮在亚锦赛决赛中再次和韩国交锋，这次，凭借着胡卫东关键时刻的 3 个三分球，中国男篮逆转取得胜利（表 1-3-1）。

而在 2002 年的釜山亚运会上，韩国男篮在比赛最后 30 秒落后 7 分，但是他们奇迹般地将比分追平。加时赛，韩国男篮再接再厉，最终击败中国男篮。2003 年的哈尔滨亚锦赛，在姚明的带领下，中国

表 1-3-1　中国队与韩国队历史战绩表

比赛时间	赛事名称	最终比分	获胜球队
1974 年	亚运会	114:119	韩国
1975 年	亚锦赛	97:78	中国
1979 年	亚锦赛	94:88	中国
1981 年	亚锦赛	94:64	中国
1982 年	亚运会	82:83	韩国
1983 年	亚锦赛	92:63	中国
1985 年	亚锦赛	87:83	中国
1986 年	亚运会	77:74	中国
1987 年	亚锦赛	74:72	中国
1989 年	亚锦赛	中国加时赛胜	中国
1990 年	亚运会	92:88	中国
1991 年	亚锦赛	104:88	中国
1993 年	亚锦赛	81:62	中国
1995 年	亚锦赛	87:78	中国
1997 年	亚锦赛	72:86	韩国
2002 年	亚运会	100:102	韩国
2003 年	亚锦赛	106:96	中国
2005 年	亚锦赛	93:49	中国

男篮在决赛中击败韩国队，获得冠军。2005 年的亚锦赛在多哈进行，中国男篮在决赛中狂胜韩国男篮 44 分。

二、比赛进程

1. "战神"被一剑封喉

能被称之为"战神"的人物中国仅此一人，乃刘玉栋也。英雄一年就可造就，传奇十年方可书写。CBA 十年，涌现风流人物无数，无论是当年的"三大中锋"，还是胡卫东以及巩晓彬，都是睥睨众生的人物，但英雄不是传奇，CBA十年历史上的传奇只有一个——刘玉栋，一个凡界里的天神。CBA中的风流人物基本靠的都是天赋异禀，"三大中锋"靠爹妈给了一副好身材。而胡卫东虽然身高一般，但他的跟腱和肌肉长得完全和黑种人一样，所以被中国篮球界誉为"百年不遇"的天才，800多度的近视眼，三分依然跟罚球一样准，按当年国家队主教练王非的话说就是，胡卫东这样的不是靠练就能练出来的。刘玉栋不同，在胡卫东这批人当中，他的天赋是最差的。从小他的身体条件就很一般，父亲1.75米，母亲1.65米，他能长到1.98米已经算是奇迹。20世纪90年代初，中国篮球界还没有什么人把体重当回事的时候，刘玉栋就已经开始个人力量训练。2001年，姚明带领上海队冲击CBA总冠军失利的时候，就曾感叹："刘玉栋是目前为止唯一一名让我感觉怎么防都白搭的球员。和他对抗比和'大巴'对抗还累。"而刘玉栋那可以媲美胡卫东的投篮准头，更是后天练就的本事。

刘玉栋荣誉无数，他手上戴着7枚CBA总冠军戒指，是目前为止唯一三次获得CBA联赛MVP的球员。2001年11月，上海和"八一"在九运会决赛再次相逢。那是王治郅离开CBA之前与姚明的最后一战。刘玉栋最后时刻投进制胜三分球，姚明赛后说："这是巴顿将军的子弹。"荣誉多，还可以细数，在刘玉栋身上，伤痕比荣誉更多。他的两条腿一直与伤病相伴，膝关节在1991年第1次受伤，1996年第2次受到重伤。1997年接受手术，医生从他的左膝取出10块碎骨。刘玉栋自己曾说，他平时走路最多只能支撑半小时，否则左膝关节一定积水，爬楼最多三层就要歇一歇。幸运的是和他的腿伤相比，他的上肢一直健康而粗壮。在1994年那支国家队里，刘玉栋是唯一一名卧推能达到130公斤的球员，这是在NBA血拼了三年的姚明能够推起的最高重量。刘玉栋算不上一个旷世奇才，但绝对是一个旷世英雄。他没有和NBA扯上过任何关系，他没有夺取过任何世界性的荣誉，但他是中国篮球最大的传奇，决非姚明或者胡卫东可以比肩。这就是传奇的"战神"，但是在"釜山论剑"的最后的时刻，身经百战的"刘大侠"却犯下了一个低级的防守失误，断送了中国队的冠军梦。

当比赛还剩 25.5 秒的时候，中国队领先 7 分，按照比赛实力和篮球比赛规律，中国队已经稳操胜券了。但是就是在这样的大好形势下，中国队的噩梦开始了，见图 1-3-1。韩国队获得一次掷界外球机会，这时候韩国队的队员注意力非常集中，他们已经忘却了场上的比分，全身心地投入战斗。而中国队此时思想有所松懈，在韩国队员①掷界外球时，对其防守的中国队队员还没有及时去封堵对方的传球路线，韩国队员②已经在罚球线附近进行接应。②的防守者正是中国"战神"刘玉栋，按照当时"刘大侠"的实力，内线防守正是自己的特长，但是老到的战神，却在最后犯了一个低级错误。当韩国队员②往右（高位）一个假反跑，接着往左（低位）一个转身接队友的传球，此时"刘大侠"的重心已经被甩开，跟不上对手的步伐，对方很轻松地接球直接上篮得分。此时，分差缩小为 5 分。

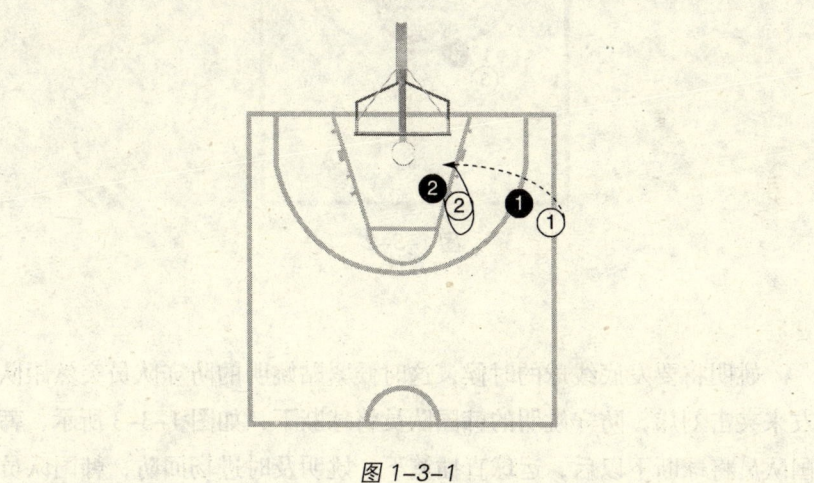

图 1-3-1

2. "姚大侠"被点死穴

姚明乃中国篮球队标志性人物，他的存在会决定中国篮球在世界上的排名和战绩。话说 2002 年的釜山亚运会，"姚大侠"和他的弟兄们一路过关斩将，来到了绝顶釜山遭遇韩国。按照当时两队的实力比较，平均身高高出对手十多厘米，又有两位登陆 NBA 的球员——姚明和巴特尔，实力明显占据上风。整场决斗大部分时间中国队一直掌控着场上的局势，就在比赛临近尾声的时候，"姚大侠"的一次致命失误，开始了中国队的噩梦。

韩国队吹响反攻号角的第一次进攻只用了 2 秒钟。这时候，中国队由守转攻，姚明发底线球，场上队员在强侧站位如图 1-3-2 所示，防守"姚大侠"的韩国队员一开始站位比较贴近姚明，另外一名防守队员紧逼刘炜②，❸是韩国中锋徐章勋。

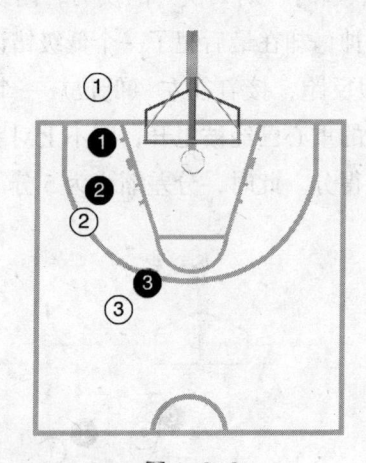

图 1-3-2

姚明将要发底线球的时候，这时候紧贴姚明的防守队员突然跟队友来夹击刘炜，防守姚明的韩国队员将球断下，如图 1-3-3 所示，韩国队员将球断下以后，运球直插篮下，姚明及时进场回防，韩国队员突见前方有座大山阻隔，无法进攻。转而将球传给早在三分线外等候的中锋徐章勋，姚明移动慢的缺点暴露无遗，徐章勋无人防守，投中三分球（图 1-3-4）。这时时间仅仅过去 3 秒钟，在 5 秒钟的时间里中国队被对手扳回 5 分。这时候咱们的队员不太相信眼前的事实，思想开始发生变化，不知道自己该干什么了。这时少帅王非在现场显然被眼前的场景所蒙蔽，作为一位国家队教练员，此时的头脑应该是最

图 1-3-3　　　　　　　　　图 1-3-4

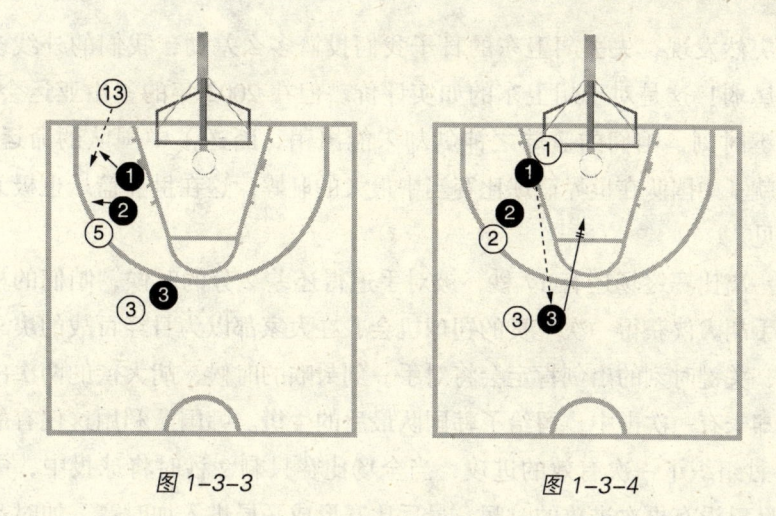

清醒的，但是却被对手的攻势所打乱。国家队最关键的一次暂停机会却没有执行。此时的中国队只有 2 分优势了。

3. "胡大侠"剑未出鞘

中国篮坛的传奇人物，有着"中国乔丹"美誉之称的篮球天才胡卫东。他的篮子，不同于我们常说的菜篮子，水果篮子，花篮子，而是他在场上的绝活。胡卫东的技术全面是公认的，一举手一投足都极具美感而且十分实用。他最擅长的是远距离投篮、抢断、突分。从 CBA 职业联赛一开打，南钢队场上队员就目标明确地围着他转，不管他往哪儿跑，在什么位置，炮弹总是尽可能地输送给他……

那个 1970 年出生，有"中国乔丹"美誉的老球星，正是他全面的技术、巧妙的传球、迅捷的突破、奇准的远投，帮助中国在没有姚明的日子，1994 年和 1996 年两次闯入世界八强。他的投篮太准了，准得美国人都惊呼："如果中国有 5 个胡卫东我们怎么办？"1998 年和 2000 年，小牛队和魔术队分别邀请他参加 NBA，遗憾的是因为伤病和其他原因，他失去了向世界展现自己的机会。

时至今日，在我们拥有了世界一流水准的巨人姚明，拥有了历史上最高的平均身高，拥有了与世界强队对抗的基本条件的时候，我们却突然发现,失去胡卫东的日子我们投篮多么差劲,我们的外线多么孱弱!这是对于胡卫东的如实评价。但在2002年的釜山亚运会,关键时刻,咱们的篮球之神剑却未能出鞘,断送了中国队的命运。造就了中国队在世界篮球比赛当中最大的耻辱,这在世界篮坛也极为罕见。

离比赛终场还有17秒,被对手追得还差2分的时候,咱们的神射手胡大侠获得一次宝贵的罚球机会,在大家都以为身经百战的决斗士,关键时刻的出剑肯定会将对手一剑封喉的时候,胡大侠的两次出剑却未有一次击中,留给了韩国队最后的生机。韩国队利用这仅有的17秒组织了一次有效的进攻,当全场比赛只剩2秒时将球投中,中国队已没有再次进攻的时间,最后比赛形成平局进入加时赛,加时赛中国队以100:102两分之差负于韩国队。

三、点 评

时任中国国务院总理的朱镕基当晚观看了比赛,在第二天的国务院会议上,停止讨论国家大事,专门讨论这一场比赛,并召见当时的国家体育总局的领导前来汇报,研究中国篮球运动的发展问题。

中韩决赛中,韩国队表现出顽强的作风,不屈不挠的比赛精神,以这种拼劲十足的表现带动了全队的整合,有效地发挥了战术特点。当中国队沉溺在上半场大比分领先对手的喜悦之中时,韩国队以赌博式的三分球战术反击拉开了帷幕,在下半时,韩国队利用移动快、传球快、出手快的"小""快""灵"特点,交叉跑位或反复策应配合,以外线为主,有机会就投,没有机会则连续掩护或穿插双掩护,摆脱防守,甚至两个人给一个人掩护,大幅度地移动,放手一搏,变被动为主动。另外,韩国队采取引蛇出洞的方法,即用投篮的假动作或中锋在外线进攻,把姚明往外引,离开内线,再突破上篮。一则减少了内线的压力;二则利用中国队员脚步移动慢的特点,突入内线后投篮或传给外围有投三分球机会的队员,韩国队的这一战术意图实施得非常成功,大大挫伤了中国队的锐气,提高了自信心。有效地防守创造了更多的进攻机会，韩国队下半时防守与进攻，可谓是一种默契的整合。中国队拥有世界上最优秀的内线队员，但对抗性还不强，得分手段不多，技战术还存在一些缺陷。在打逆风球和关键球时，中国队表现出心理不过硬、意志薄弱、拼劲不足，队员之间配合不够默契，失误较多，这些不足之处都有待改进。

目前，中国队在世界篮坛上是属于身材高大的队伍行列，在亚洲更是无人可比，这是我们的长处之一；我们的运动员属亚洲灵巧型的运动员，从中锋到后卫都具备快速、灵活、准确的特点，这也是我们的优势之一。如这两个优势能很好地互补，身高与快、准、灵完美地结合，那世界上任何强队都会感到头痛。在亚洲，韩国队一直对中国队构成威胁，他们的快、灵、准更鲜明更突出，斗志更顽强，遗憾的是他们没有我们的身高优势。可以设想，如果韩国队有接近我们的身高，我们还会是他们的对手吗？同样，如果我们具备韩国队鲜明的风格与斗志，那么世界上还会有任何球队敢小瞧中国队吗？韩国队要拥有中国队的身高是很难的，而我们学习韩国队的风格与斗志是能够做到的。因此，中国男篮今后的发展重点，追求的风格首先应该立足自我，在学习欧美强队的同时，还应该更多地学习韩国队，使中国男篮步入快速、灵活、准确和强对抗的世界篮球发展潮流之中。

一夫当关，
姚明力擎中国男篮二进宫

一、背景介绍

古希腊不仅有许多源远流长的神话，它同样孕育了古代的奥林匹克运动，有文字记载的历史可以追溯到公元前776年。1896年4月6日第1届现代奥林匹克运动会在雅典举行，现代奥运会分为夏季奥运会和冬季奥运会，每隔四年在不同的国家举行一次。目前奥林匹克运动几乎遍及世界各地，奥运会已成为举世瞩目的高水平综合性运动会，"更快、更高、更强"的奥林匹克格言成了世界体坛的响亮口号。

中国于1984年重返奥运会，并实现了中国在奥运会历史上金牌零的突破。中国男篮近20年来参加奥运会的成绩始终在各参赛队伍之中处于中游。塞黑男篮是2002年世锦赛冠军，中国男篮的最好成绩为世锦赛第八名，两者的差距可想而知。

赛前分析：

2004年雅典奥运会的男子篮球比赛共有12支队伍参加，分成A、B两个小组，中国队抽签进入A组，虽然成功地避开了当今世界最强的"梦六队"，但中国队还得与欧锦赛冠、亚军塞黑队和阿根廷队过招。此外A组还有欧洲强队意大利队、西班牙队、新西兰队。根据奥运会男篮竞赛规则，每组的前四名进军八强，而四分之一决赛中，A组第一碰B组第四，A组第二对B组第三，依此类推。中国男篮的雅典奥运会目标是力争历史上第二次闯入奥运八强，因此，中国男篮要想完成冲八的任务，必须要拼下新西兰队和意大利队，如果一切顺利，姚明将在八进四中挑战"梦六队"。在中国队同组的球队中，塞黑是2002年世锦赛冠军，阿根廷、西班牙和意大利等球队都有不俗的实力，中国队的出线形势不容乐观。

中国男篮现状透视

主观因素：

1. 姚明已成为中国男篮支柱

世界上只有一个姚明，中国男篮就是因为他而被对手看重。在NBA叱咤风云的姚明当然是世界级的，其在国家队中的核心作用也已经成为事实。然而，球迷在为中国男篮有姚明这样的人物而高兴的同时，也清楚地看到，如果缺少姚明，中国男篮几乎成为任人宰割的球队。但姚明也有累的时候，姚明体能不佳早就不是秘密，在此情况下，主教练哈里斯大概只能给他40分钟的时间上场。而通过钻石杯比赛已经可以看到，中国男篮的众弟子们并没有做好缺少姚明的准备。在姚明因疲劳而出现失误的时候，男篮更是哑火一片。而篮球又是集体作战，其他队员的表现也将决定男篮进前八的命运。

2. 意志薄弱制约男篮发展

中国男篮总有个难以改变的脾性——在最关键时刻，意志力崩溃。这一点不单单表现在目前的国家男篮身上，在CBA表现得可谓淋漓尽致。在"钻石杯"上与塞黑和阿根廷比赛时，中国男篮大都在前半段表现神勇，甚至有时还在比分上领先对手，然而最后阶段的"高潮"时刻，中国男篮几乎没有翻盘的情况出现。而且这种现象早就是个"痼疾"，并延续至今。疯狂大逆转在国际赛场上屡见不鲜，但在中国男篮身上鲜见，其中尽管有中国人在体能上的差距，但也说明中国男篮运动员意志力弱的脾性。此"疾"不去，中国男篮要走得更远，说难听点是"痴心妄想"。

客观因素：

1. 内外衔接不得力

内线姚明乃世界顶尖选手，中国队拿分几乎全得靠他；外线李楠、朱芳雨号称"神投手"，三分远投令国外球员头痛不已，国外教练员就曾感叹：中国队三分球比二分球要强，但两者之间的中距离却是中国队的"真空地带"。外线进攻大多靠三分，完全有赌博之势；内线单打等姚明，却几乎是没有出路之策。中国男篮的突破很难让人满意，而突破却是成熟球队所必需的，一方面可以趁势得分，另一方面有可能让对手犯规，通过罚球得分，更为重要的是中国球员的罚球命中率极高，显然中国队应该增加突破。可喜的是，自从确定了男篮主力阵容之后，"小李飞刀"李楠自己刻意加强了这方面的训练，希望在雅典奥运会上有所突破。

2. 抢篮板球难称心

"得篮板者得天下"，这是篮球场上不成文的至理名言，罗德曼就是靠篮板球扬名。但中国队争抢篮板球的成功率很低，即使是在NBA一柱擎天的姚明在抓篮板球时效果也是不佳。由此也导致篮球进攻得分最重要的手段几近丧失。目前男篮阵容中，在篮板球意识和技术方面较好的当属杜锋和莫科，无奈与欧美球员相比，两人身体对抗能力较差。因此，篮板球将很可能是中国队失分比较严重之处。

3. 后卫能力待提高

王非执教国家队时就曾直言，中国的后卫是在各个位置中最薄弱的环节，至今后卫表现依然。如果说其他位置还能和国外对手有得一拼，那么在后卫位置上，就是"土枪与洋炮"的差距。中国组织后卫既不能带球突破寻找得分机会，也不能在传球上有创意之处。和国外对手相比，他们太机械呆板，而且传球线路过于明显。

虽然中国男篮依然存在各种缺陷，但毕竟在时任洋帅哈里斯的调教下有了明显的进步，这也是令人高兴之处。当然更希望能如众人所愿，顺利进入前八。

二、比赛进程

雅典奥运会上，中国男篮进行了十余天的奋战。首场大比分输给西班牙，一来对手实力本来居上，二来中国男篮未发挥出应有水平。第二场迎战普遍身高较矮的新西兰队，高中锋姚明的作用是"大半支球队"，利用姚明在内线的巨大优势，以及其他位置尚且与对方均衡的攻防实力，中国男篮取得了雅典奥运会的首场胜利。相比两年前的世锦赛上领先新西兰男篮20多分仍落败，这场比赛算是报了一箭之仇，险胜总比不胜有了进步。第三场，姚明孤军奋战，中国队最终没有悬念地以57:82告负。第四场是关键比赛，中国男篮对阵意大利男篮，意大利队是赛前我国研究较多的球队，可惜在这场关键的比赛里中国队却以52:89大比分输掉比赛。

在输给意大利37分之后，中国男篮成了中国奥运代表团中最不受待见的队伍之一，他们被视为没有斗志、临场慌乱的一群男人。其实在理论上，中国男篮还没有被淘汰出八强，因为他们还剩下小组赛最后一战，如果击败塞黑，他们依然是男篮八强的一员。其时有一个花絮便是：姚明曾在去雅典之前发过誓，要是中国队打不进八强，就半年不刮胡子。此时先不提国家的荣誉，中国男篮的小伙子们为了姚明的胡子，也不能放弃。

探究前三战失利的原因，与中国队冲八的功利心不无关系，而冲八的理论分析，全部建立在对列强少得可怜的认识上。无论是谁，媒体或者教练组，都认为打败新西兰和意大利是冲八的前提。但奥运会从来没有哪一条规定你必须打败小组中某两个对手就可以进复赛，所以中国队在难堪地输掉两战之后，以侥幸之心面对意大利，所以才会以最大的分差输给一个较弱的对手。但是谁又能肯定意大利是弱队呢？谁能又肯定塞黑是不可战胜的呢？功利心毁了中国队最好的机会，功利心也可能毁掉中国队最后的机会。而那些等着看好戏的人，才会不顾中国队最后的机会，直接把各种胡子安上姚明的脸庞。中国队并不缺哪一类型的胡子，中国男篮恰恰缺少姚明那种蓄胡子的决心，当初如果每名队员都像姚明那样主动寻找激励，哪怕一场不胜，场面也一定比现在好看。所以，受尽屈辱的中国男篮，就是为了姚明的胡子，也不要放弃。

实战解析：

中国与塞黑两队在本场比赛之前的表现均不理想，塞黑队由于缺少了迪瓦茨、斯托亚科维奇和米里希奇等多名主力，世界冠军风光不再。而中国队的外线队员也迟迟找不到状态，三场比赛净负对手87分之多。由于两队在之前的四场小组赛的战绩同为1胜3负，而新西兰队又以84:88惜败于西班牙队，因此本场比赛实际上是A组最后一个八强名额的争夺战。其实，塞黑男篮虽然名义上是上届世锦赛冠军（南斯拉夫），但在此届奥运会的阵容却与当时的冠军阵容相差很大，况且塞黑在和中国比赛之前成绩是1胜3负，而且他们输给了新西兰。

没有人能想到中国男篮能够给强大的世锦赛冠军塞黑队制造麻烦，尤其是在下半时，中国队严密的防守迫使塞黑队只能远投。亚洲劲旅中国队去雅典的目标是进入八强，虽然打得很艰难，但我们的目标实现了。尽管塞黑人大部分时间一直领先，但是分差从没有超过10分以上，因为世界冠军队无法阻挡中国队的高中锋姚明。

1. 中国队此役最漂亮的一次配合出现在第三节的3分30秒，塞黑队打快攻不成，迅速回防的姚明抢到后场篮板球，经过莫科传给已经快下的后卫郭士强⑧，而此时姚明⑬和杜锋⑮已经分别从中路和边路跟进，形成了图1-4-1所示的位置，对方也有两名队员撤回到了三分线附近进行防守，另有一名队员跟在姚明的身后。郭士强运球至三分线时对方队员已经迎上前来防守，迫使他在三分弧顶附近停球，而此时姚明⑬利用对方没有人对他进行专门盯防的机会，直接冲入限制

一夫当关，姚明力擎中国男篮二进宫

区，并力争占据比较靠近篮筐的位置。这时刚好在外线的郭士强⑧利用投篮的假动作晃开了对手，借机直接将球传入内线的姚明手中。而此时已经有两名队员对姚明进行包夹防守，无意中将另一侧的杜锋⑮漏防，明察秋毫的姚明早已发现了这个良机，他顺势将郭士强传来的高空球向后一拨，直接将球送到了无人防守的杜锋⑮手中，素以"弹簧人"著称的杜锋怎会放过这个表现的机会，只见他飞身而起，双手将球扣入篮筐，形成了一次迅速有效而且漂亮的快攻（图1-4-1~图1-4-4）。

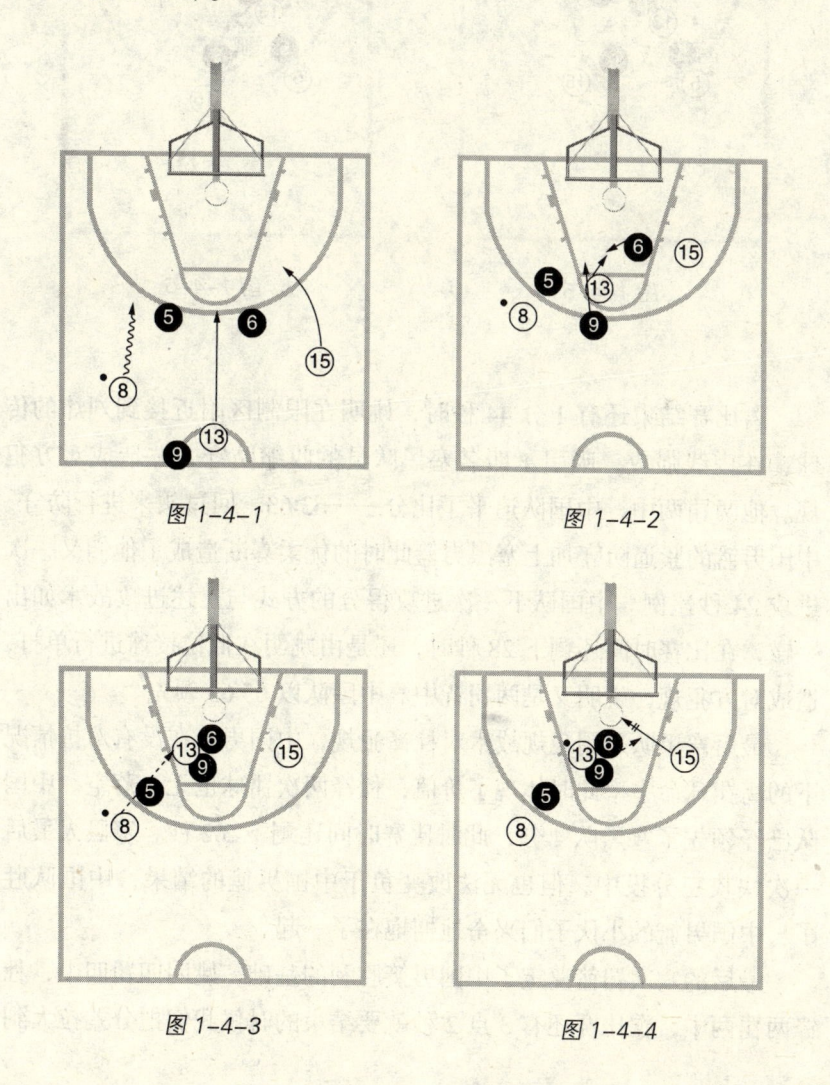

图 1-4-1

图 1-4-2

图 1-4-3

图 1-4-4

37

篮球经典战例解析

2. 比赛结束前 5 分钟，塞黑队还以 60:55 领先，但在剩下的时间里，他们在防守中国队时一筹莫展；其进攻也被冻结，仅得到 6 分，而中国队却得了 12 分。

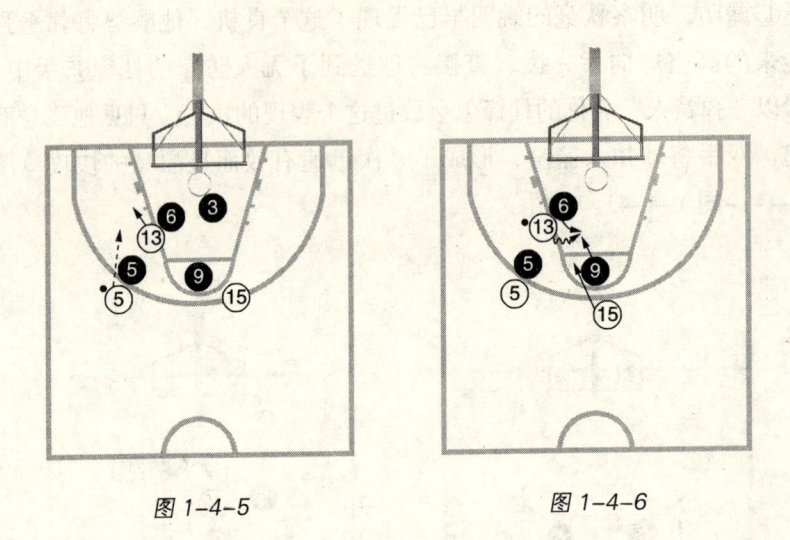

图 1-4-5   图 1-4-6

离比赛结束还有 1 分 44 秒时，姚明在限制区附近接到刘炜的传球，在内线强攻，吸引了四名塞黑队员的收缩防守，并造成对方犯规。他两罚两中，中国队追平了比分——63:63。回过头来进行防守，中国男篮的紧逼防守加上塞黑男篮此时的优柔寡断造成了他们又一次进攻 24 秒违例。中国队下一次进攻得分的方式与上述进攻战术如出一辙，在比赛时间还剩下 28 秒时，还是由姚明在低位接球进行单打，造成对方犯规，姚明又是两罚皆中。中国队以 65:63 领先。

最后塞黑队采用犯规战术对杜锋犯规，中国男篮在没有对抗情况下的高罚球命中率此时体现了价值，杜锋两次罚球也无一落空。中国队已经领先了塞黑队 4 分，此时比赛时间还剩下 3.2 秒。塞黑人最后一次快攻三分投中，但也无法改变负于中国男篮的结果，中国队胜了！中国男篮的小伙子们兴奋地拥抱在了一起。

最后的六次罚篮奠定了中国男篮胜利的基础，姚明四罚四中，杜锋两罚两中，在比赛还有 3 点 2 秒就要结束的时候我们把分差拉大到

4分，这是一个让对手感到绝望的分数，我们在绝望中获得了巨大的希望，而对方是在巨大的希望中收获了绝望。

三、点 评

回首中国队在本届奥运会中的比赛，前一阶段不是没有很好地利用姚明这个当今世界篮球的制高点，就是过分地依赖姚明，总体表现确实令人失望，究其原因，一方面中国队的整体实力与欧美强队相比确实有一定的差距，另外就是国内球员与姚明在打球的思维方式上没能很好地融合到一起。姚明在NBA锻炼了两年的时间，他打球的方式很欧美化，而国内球员还没有领悟到这一层面，因此在比赛中，就会出现彼此间配合不够默契或是出现失误的情况。

最后拯救了中国男篮的还是姚明，他打满全场，贡献27分、13个篮板、2次抢断，并多次在篮下妙传队友得分，此外他还让塞黑队两名中锋球员在他身上领到五次犯规而下场。德罗布尼亚克在距比赛结束还有28秒时领到了个人第五次犯规，并将姚明送上了罚球线。姚明在这场比赛中表现出了全方位的攻防能力，在限制区内无人可挡，在自己得分之余还频频助攻队友得分，另外还送给塞黑队两记漂亮的盖帽，NBA全明星球员的价值体现得淋漓尽致。姚明的激情演出大大地激励了他的队友，中国队在比赛后半段的区域联防令对手喘不过气，并多次造成对手24秒违例，整体实力也在四场不尽如人意的比赛之后全面地展现出来。李楠、杜峰和朱芳雨都有尚佳表现：

首先，李楠在外线的率先打开是很重要的，这样就等于为中国队寻找到了姚明之外的又一个进攻点。前面几场比赛我们的球员都不敢跑出来，更不敢想在外线得分，但是这场比赛我们做到了，这就是突破。

第二，哈里斯本场比赛的用人策略，以及战术部署也是取胜的关键。在这种关键的比赛中，教练员的策略显得尤为重要。

第三，中国队赢球的欲望与意志也是最后能够咬住比分，乃至取得胜利的重要因素。

当然，在比赛中我们的队员依然暴露出了许多不足：在跑动中完成进攻的成功率不高，身体对抗能力还有欠缺，这都是我们要提高和改正的。我国篮球运动员投篮出手比较慢，而欧美球员的回防速度很快，这就造成我们的技术变形。诚然，中国男篮与世界强队的差距是全方位的。

虽然在对抗情况下的命中率偏低，但是中国男篮在没有对抗情况下的高投篮命中率却是这场比赛制胜的关键：中国队全场20罚18中，拥有高达90%的罚球命中率，最终锁定胜局的恰恰是两个关键的两罚两中。

"我无法表达自己现在的心情，但我想奥布拉多维奇的心里不会好过。"中国队的主教练戴尔·哈里斯说道，这位有着45年NBA执教经验的传奇教练员在赛后接受采访时难掩心中的狂喜。"这是我经历过的最令人激动的一场胜利。"

众将用命，王仕鹏
辕门逞威射落斯洛文尼亚

一、背景介绍

世界男篮锦标赛是国际篮联每四年举行一届的重大国际赛事。赛事的整体水平要高于奥运会，它应是世界篮坛最高水平的比赛。

2006年世界男篮锦标赛于2006年8月19日—9月3日在日本的5个城市开战,参赛球队由过去的16支增加到24支。小组赛采取单循环制，小组前四名晋级。冠军将直接获得2008年北京奥运会男篮比赛参赛资格。由于日本世锦赛是20年来首次有24支队伍参赛，本届的赛制对不擅长打淘汰赛的中国队并不是很有利。

1. 赛前对手基本状况分析

本届世锦赛上，中国队被分在了实力非常强的D组，同组的有雅典奥运上一举杀入男篮决赛并获得亚军的意大利队、在雅典奥运会上以92:78战胜不可一世的美国队而震惊世界篮坛的波多黎各队、雅典奥运会季军美国队、拥有5名NBA现役球员的斯洛文尼亚队和拥有3名NBA球员的塞内加尔队。尽管小组对手实力不俗，但中国队出线前景仍普遍看好。从实力上分析，中国男篮除了对阵美国队希望渺茫外，和其他四队交锋都有取胜可能——意大利队虽说是雅典奥运会亚军；但现有阵容以年轻队员为主，而且最近状态十分低迷；斯洛文尼亚和塞内加尔都是首次参加男篮世锦赛的新军；波多黎各在首届斯坦科维奇杯赛上曾经输给过中国队。因此，只要发挥出自己的真实水平,中国队获得小组前四名、参加第二阶段淘汰赛还是大有希望的。不过,中国男篮在小组出线后的对手可就不好对付了。按照赛制,D组出线的球队在1/8决赛中将面对C组的前四名。根据实力分析,C组出线的球队很可能是:雅典奥运会第四名立陶宛队、欧洲冠军希腊队、大洋洲冠军澳大利亚队和美洲冠军巴西队。除了澳大利亚之外,其他三队都不好对付。因此,中国男篮要想继1994年后再次杀进世锦赛前八,难度相当大,除了自己排名要好以外,还要有一点运气的成分。

2. 中国国家男子篮球队的情况

在斯坦科维奇杯赛上,主教练尤纳斯最大的收获是易建联和陈江华。前者不但进攻颇有威胁,在后场篮板球的掌控上也表现出了相当的实力,他的稳定发挥有助于分担姚明在内线的压力;而陈江华也显示出"初生牛犊不怕虎"的气势,其速度优势将给中国男篮提供更多的进攻选择。

事实上,老谋深算的"欧洲恺撒"尤纳斯在斯杯与澳大利亚的比赛中已经亮出了自己的底牌,中国男篮以一场胜利结束了世锦赛前的热身。随着姚明、王治郅、刘炜三人伤势逐步痊愈,中国男篮在比赛中球的运转也开始流畅起来。中国男篮此次征战日本男篮世锦赛,决不会只是"陪太子读书"。尽管中国男篮热身赛战绩不佳,但经过最近几场热身赛,尤其是本届斯坦科维奇杯赛,中国男篮取得了很大的收获。首先是"明、郅、联"组合选择的多样性。不管是最初让球迷期待的"明郅"组合,还是相对实用的"明联"组合,抑或是"郅联"组合,都让主教练尤纳斯对中国队内线的排兵布阵有了更多的选择,也使中国队在世锦赛上的阵容将会有更多的变化。

尽管外界给中国男篮指出了这样那样的问题,但这支队伍当时最大的问题是主力队员伤病较重。中国篮球协会在官方网站上这样评价道:姚明的脚伤还在逐渐恢复中,他正式参加全队的合练只有9次;王治郅在欧洲热身赛中受伤,至今还不能正式参加全队的对抗训练;神投手李楠正在美国治疗,已肯定缺席本届世锦赛。根据运动员伤病后恢复的规律和近期有关医疗专家对姚明和王治郅的治疗及诊断，预计他们很难在本届世锦赛中达到最佳的竞技状态。因此，本届世锦赛对中国男篮来说形势非常严峻，比赛难度相当大。出现如此大面积的伤病情况，是中国篮球协会和主教练尤纳斯没有想到的。尽管"明郅组合"及时复出了，但他俩的伤势究竟对接下来的比赛有多大影响，这还是个未知数。"冲八"道路非常艰难。

中国队与斯洛文尼亚队比赛之前，中国队在三连败之后终于战胜了非洲劲旅塞内加尔队，士气高昂，全队上下对战胜斯洛文尼亚队充满信心；对手斯洛文尼亚队两胜两负；波多黎各队与中国队一样也是三负一胜，塞内加尔队已经被淘汰出局，但是如果算小分的话，中国队只要胜斯洛文尼亚队一分即可出线。

五名在 NBA 打球的斯洛文尼亚球员都入选了斯洛文尼亚国家男子篮球队。这支球队被认为是斯洛文尼亚篮球史上最强大的队伍。在 2005 年欧洲男篮锦标赛中，先后击败过欧洲冠军希腊队和第三名法国队，实力强到可怕的地步，斯洛文尼亚队获得第六名，从而自动获得晋级世锦赛的资格，这也是斯洛文尼亚队首次进入世锦赛。

斯洛文尼亚队是一个十分老到的对手，他们不但拥有五名 NBA 球员，还有大批在欧洲联赛打球的主力球员，斯洛文尼亚队表现很稳定，战术也非常清晰，传球好是这支队伍的特点。

这场球的赛前布置就是由王仕鹏、朱芳雨和孙悦防好他们的后卫，尤纳斯曾经说过："斯洛文尼亚三名后卫之间的挡拆配合是世界最好的，我们将所有精力放在对其防守上。对手水平很高，但是我们什么事情都可能做到，中国男篮坚定才有胜利！"

二、比赛进程

1. 神奇的换人

在比赛进行到第四节还剩下 3 分 48 秒的时候，中国队已经将近 3 分钟没有得分，这时候主教练尤纳斯换上了老将王治郅。比赛战术如图 1-5-1 和图 1-5-2 所示，刘炜⑤运球到弧顶右侧后，站在与刘

篮球经典战例解析

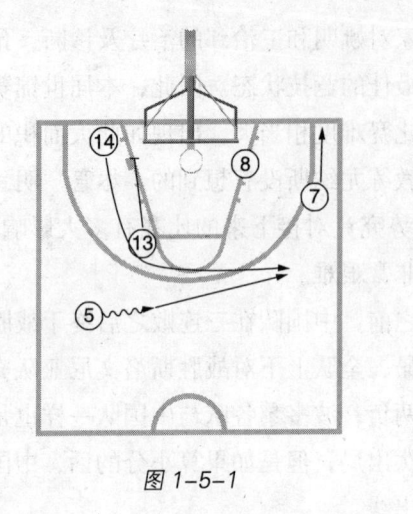

图 1-5-1   图 1-5-2

炜同侧高位的姚明⑬与底线附近的王治郅⑭交叉换位，在左侧高位与姚明平行的朱芳雨⑧也移动到左侧低位，王仕鹏⑦埋伏在右侧底角三分线附近，随时准备接球投篮或者接应王治郅⑭，朱芳雨⑧在低位给姚明⑬做掩护后顺势移动至左侧三分线45°角附近，姚明⑬也背对篮筐向篮下横向移动要球，王治郅⑭与姚明⑬换位后并没有在高位停留，而是直接移动到弧顶右侧背向篮筐接刘炜⑤的传球后顺势转身，趁对手跳起干扰自己接球未稳之机直接从左侧运球突破上篮得分，并造成前来协防的布雷泽克的第四次犯规，王治郅"打三分"成功，将比分追成 68:70。

应该说主教练尤纳斯的这次换人收到了奇效，王治郅"打三分"成功后，姚明紧接着封盖了斯洛文尼亚的一次上篮，王治郅快下接刘炜的传球轻松上篮得分，中国队将比分追成 70:70 的平局，在比赛还有不到两分钟的时候与对手站在了同一起跑线上，同时也鼓起了中国队的士气。

2. 经典的边线界外球

如图 1-5-3 和图 1-5-4 所示，在比赛还剩 1 分零 2 秒的时候，中国队握有球权，24 秒计时钟显示中国队还有 3 秒钟的进攻时间，

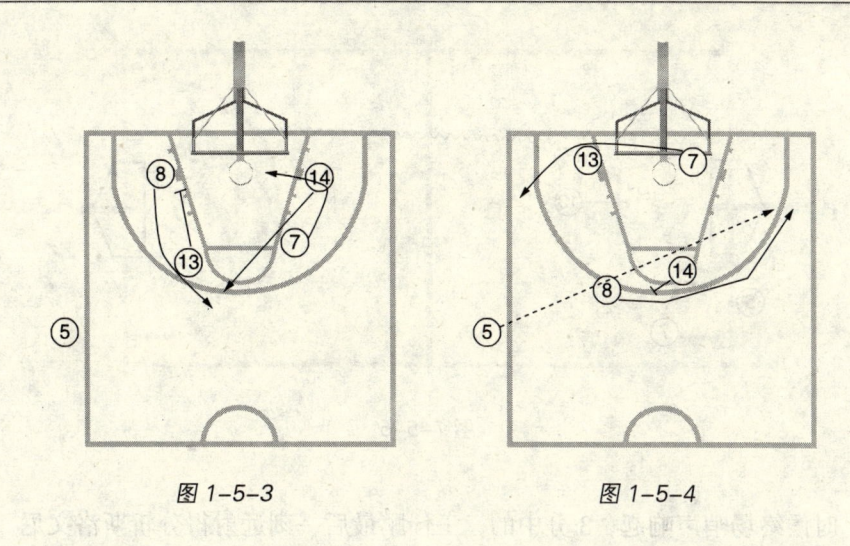

众将用命，王仕鹏辕门逞威射落斯洛文尼亚

图 1-5-3

图 1-5-4

主教练尤纳斯站在场边指挥队员，刘炜⑤在左侧靠近中线区域发边线球，其余四名队员在限制区附近呈梯形站位，王仕鹏⑦与姚明⑬骑跨罚球线平行站位，王治郅⑭与朱芳雨⑧在低位平行站位，王仕鹏与王治郅站在同侧，姚明与朱芳雨站在同侧。姚明⑬为朱芳雨⑧掩护，朱芳雨⑧顺势绕三分线上提，王治郅⑭与王仕鹏⑦交叉后直接跑到罚球线中间偏上部位为朱芳雨⑧掩护，王仕鹏与王治郅交叉后溜到左侧0°角附近准备接球投篮，朱芳雨在连续掩护后接刘炜吊传球面对防守迅速跳投三分命中，朱芳雨在身体失去平衡的情况下命中了这一记关键三分，将比分迫近到73:74。

3. 有如神助的百步穿杨

如图 1-5-5 所示，在比赛还剩 5.8 秒钟的时候，中国队落后对手两分，斯洛文尼亚队以 77:75 领先中国队，中国队掌握球权，刘炜⑤底线发球，王仕鹏⑦接球后利用姚明⑬的掩护从球场左侧迅速向前场推进，这时对方中锋布雷泽克紧追王仕鹏，同时另一名后卫从侧面赶来夹击堵防，王仕鹏在两人防守下有如神助，变向、加速、再变向、再加速，穿过两个防守人的空当，在比赛还剩 0.2 秒的情况下，距离球篮还有八九米远的球场左侧 45°角的位置上果断跳起出手投篮，这

45

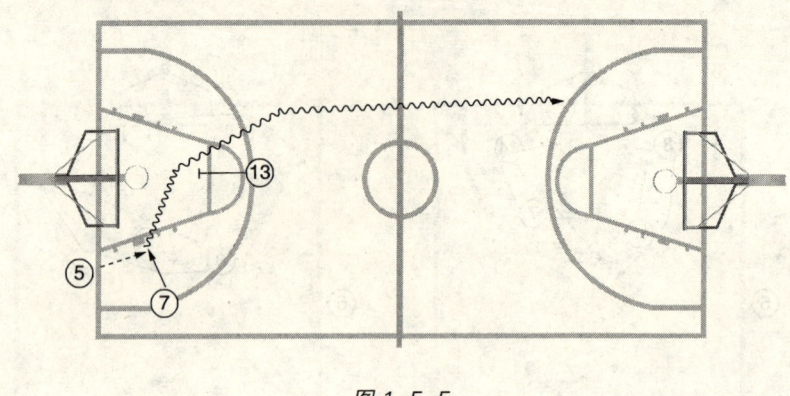

图 1-5-5

时候终场哨声响起，3分中的，王仕鹏最后一刻远射得分斩斯洛文尼亚队于马下。

三、点 评

王治郅归国后其个人能力得到了主教练尤纳斯的肯定，并迅速将其召入了国家队，王治郅是我国的优秀中锋，除了在防守方面略显不足之外（与世界强队的优秀中锋相比），个人能力非常全面，尤其是他的个人攻击能力，本次世界男篮锦标赛之前的热身赛中意外受伤对王治郅来说，无论是在身体上还是心理上，负面影响都不小。姚明和王治郅的伤病除了对他们本人的技术发挥造成了影响，还带来一个严重的恶果，就是全队的磨合不够。不管是"明郅"之间，还是他们与队友之间，配合都相当生疏。队友需要时间来了解他们，尤其是王治郅的打球风格，但是由于他们长时间缺席训练，留给中国队的时间实在太少，真正的实战磨炼只有斯坦科维奇杯上的两三场比赛。这一届世锦赛，是中国队历史上备战最不充分的一届。王治郅的回归丰富了中国队的打法，尤其是丰富了中国队的内线，易建联现在还非常年轻，缺乏大赛经验，短时间内还不能迅速成长起来。王治郅与姚明的内线组合才是我们国家队的制胜法宝，王治郅的回归在一定程度上缓解了姚明的防守压力，使姚明能够放手进攻，使国家队的攻守日趋平衡。

　　上场就"打三分"显示了王治郅的个人攻击能力，由于王治郅在外线具有很强的投篮能力，当他在外线控球时，对方采用贴身防守来干扰王治郅的投篮和传球，这时候王治郅在对手立足未稳的情况下选择了个人突破上篮，并最终"打三分"成功。

　　作为近几年来中国培养出来的优秀小前锋，朱芳雨在大赛中的发挥并不稳定，尤其是在与强队的关键比赛中经常表现平平，备受指责和批评。经过欧洲拉练以及世界大赛洗礼的朱芳雨意识到自己三分投篮的缺陷，提高了自己的跳投技术。主教练尤纳斯到来以后朱芳雨的低位背打能力有所增强，三分出手也变得也越来越坚决。

　　中国队外线投手开始闪光。在雅典奥运会上，姚明得不到外线支持是中国队最大的问题之一。本届世锦赛，王仕鹏、朱芳雨、王治郅、杜锋都有所斩获，中国队6场比赛三分球131投48中，命中率达到37%。外线投手的发挥，较好地缓解了姚明的进攻压力。

　　在短时间内，王仕鹏从一个国家队的边缘人物成长为国家队主力球员，继而成为国家队的关键人物，其原因是多方面的。

　　国家队需要更有进攻性、在突破上表现出色的球员。综合起来，王仕鹏更符合国家队的需要。王仕鹏则说："我已经完全理解了尤纳斯的战术，他要求攻防转换速度非常快，因为有姚明这样出色的内线，其他位置就要多进行突破分球，多给内线制造机会。当然，如果内线被包夹的时候，外线也要敢于出手。中国队在雅典奥运会上过于依赖内线，而外线却毫无建树，另外中国队始终缺少能够在内外线穿针引线的人，我现在就想朝这个方向发展。"事实上，王仕鹏也做到了这点，并且完成得很出色。

　　王仕鹏的另外一个作用在于，能帮助国家队破解全场紧逼。世锦赛中国队的5场小组赛中，有不少球队曾尝试过用紧逼防守来破坏中国队的进攻。这时候，后卫在运球过前场的过程中比较困难，也比较耗费体力。这时候尤纳斯往往会让王仕鹏站出来，负责相当部分的运球，包括组织方面的任务。而这时，王仕鹏发挥了应有的作用，他拥有比别人更强的运球能力。在世锦赛对阵斯洛文尼亚队的关键一战中，王仕鹏的运球能力对国家队的作用就能体现出来。因为在遇到对手紧逼防守时，王仕鹏回过头来帮助刘炜等后卫运球过半场。在比赛中，当对手实行紧逼防守，刘炜很难接到球时，通常就是王仕鹏回到后场协助刘炜运球通过半场，成功破解了最让中国队头疼的全场紧逼防守。

王仕鹏的无球跑位、控制比赛的意识也是他的优势之一。这也意味着，王仕鹏的特点可以让他很快融入一个集体当中。尤纳斯认为，每支球队上场的5名球员，其实是一整套体系，如果其中的1名球员发生了问题，那么整套体系都会遭到破坏。与其说王仕鹏是靠"突破"突入国家队的，还不如说是在尤纳斯强调"整体"的风格下，王仕鹏比别人更适合国家队。

巾帼不让须眉，
中国女篮在世界赛场扬威

一、背景介绍

1983年第九届世界女子篮球锦标赛在巴西圣保罗举行。有资格参加的队伍是上届世界锦标赛的前三名、奥运会的前三名、各大洲冠军、东道主以及被邀请的世界强队。这届世界女子篮球锦标赛云集了世界最强的队伍，可以说是当时世界女子篮球最高层次的比赛，代表着20世纪80年代世界篮球的发展水平。

两队实力分析：

1. 中国女篮在此次赛事中平均身高和主力阵容身高均居第三位，是中国女篮历史上前所未有的高度。身高和速度的优势使中国女篮在篮板球方面有了极大的提高：中国队除对美国、苏联外，比其他球队在篮板球方面都占有较大的优势。这在中国篮球史上是空前的。过去中国男、女篮在对欧美强队比赛时，赢球要靠地面优势来弥补篮板球上的缺陷。中国女篮篮下攻击力较强，身高2.08米的中锋陈月芳在限制区几乎无人能挡。除此之外，其他各点的攻击力也毫不逊色：修丽娟的跳投，宋晓波和陈月芳篮下的掩护配合以及张惠和邱晨犀利的突破。如此强大的攻击力让欧美强队头疼不已。宋晓波以超强的得分能力征服了观众，最终入选世界最佳阵容。

中国的外线队员普遍都善于突破，并合理运用急停跳投，充分发挥了中国运动员的灵活性强的优势。但外线攻击力不强，不能体现内外结合是中国女篮的一大弱点。在进行的八场比赛中，中国队的中远投只占得分比重的27%，正面攻击力不强，导致对方采取收缩防守，加大了对篮下的防守压力。快攻是篮球比赛中主要的得分方式，而在此次赛事中，中国队传统的快攻优势未能体现出来。

防守方面，由于中国女篮在进攻时过于侧重陈月芳这个高点，加之她的身体素质和脚步灵活性的训练水平有限，绝大多数时间只能采用联防。但针对关键比赛的关键人物采取一盯四联的策略，取得了显著效果。但中国队采用小个阵容扩大盯人和全场紧逼时，防守质量大幅下降。

总的来说，中国女篮第一次参加世界性大赛，就以跃进的姿态出现在世界强队面前，在强队齐集的锦标赛上取得第三名的优异成绩，为我国篮球项目跻身世界先进行列和20世纪80年代初攀登世界篮球顶峰树立了信心，对我们男、女篮备战2008年北京奥运会有着很好的指导作用。

2. 美国女篮全队十二名队员中有七名是黑人运动员，她们的身体素质在当时是超乎人们想象的好。米勒（前NBA著名球星雷吉·米勒的姐姐），能在人丛中突然拔起跳投或突破后在强烈的身体对抗下把球投中。她是当时女子篮球运动员里唯一能扣篮的球员。她攻守兼备、技术全面，最后入选了最佳阵容。这七名黑人运动员以良好的素质为基础，善于在对抗中运用技术，根据防守人的撤步或上步贴近对方突然起跳并在出手时变换出手位置以摆脱防守，这在20世纪80年代初的女子篮球界是十分罕见的。她们把美国男子职业篮球队的一些技巧带进了女子篮球场上，为女子动作男性化开辟了道路。

美国队的区域紧逼盯人并在中场夹击的打法，防守成功率很高，是她们最后获得亚军的有力武器。

美国女篮在这次比赛中的兴起，在素质和技巧层面上把世界女子篮球运动提到了一个新的高度。

二、实战解析

比赛的前半段，美国队占绝对优势。比赛开始 4 分钟后，美国队以 14:2 领先，中国女篮时任主教练杨伯镛及时调整了战术，美国队在暂停之后同时换上四人，突然改打全场紧逼，企图攻我不备，对方这一改变却给了女篮姑娘们追分的机会。宋晓波、邱晨多次突破分球传给篮下的陈月芳，她在 17 次进攻中打成了 11 次，打出了一波进攻小高潮。

1. 中锋强力冲击美国内线

中国女篮的主要攻击点就是陈月芳⑤，她的身高在内线拥有绝对的统治力。中国队追分的主要战术都是围绕她展开的。

张惠①传给左侧的宋晓波③之后向弱侧移动，邱晨②继续向底线移动。此时内线的两位队员在低位，修丽娟④为陈月芳⑤掩护后迅速提到高位，并向前上步要球，宋晓波快速将球传出。此时张惠①与邱晨②交叉换位吸引防守的注意，陈月芳⑤顺势将她的防守人挡在身后并向限制区中间移动与修丽娟④做一个高—低位传球配合，得球后单打成功（图 1-6-1、图 1-6-2）。

离半场结束还有 6 分钟时，以 28:26 反超两分，美国队只好重新

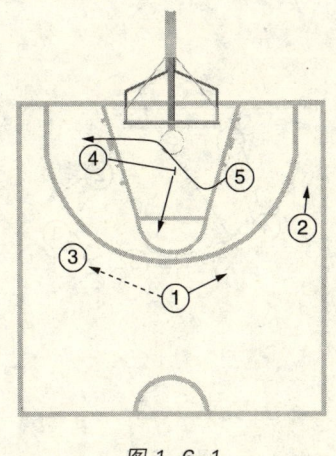

图 1-6-1 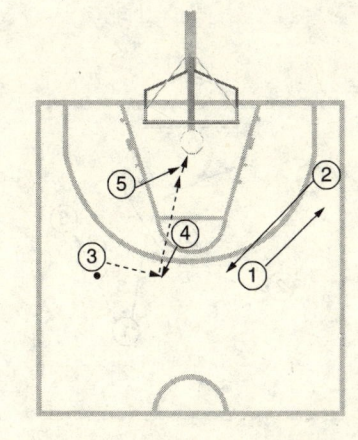　　　　　图 1-6-2

换上全部主力。

此后，中国女篮连续三次犯规，上半时以 39:41 落后。但在比赛的中段，美国队的突破能力发挥了威力，中国队一直受犯规危机的困扰，加之对美国队的半场扩大人盯人战术的不适应，比赛剩余 6 分 30 秒时，中国队落后 10 分。在这决定比赛胜负的关键时刻，中国女篮宋晓波、邱晨、张惠发挥了不可思议的速度和攻击力。

2. 连扳 10 分

张惠①在右翼拿球传给同侧的宋晓波③，然后快速向内切入穿过限制区。邱晨②与之交叉换位，这时美国队的防守稍显混乱，给了陈月芳⑤上步接球的机会。宋晓波③将球传给陈月芳⑤后，她突然下插为邱晨②做掩护，邱晨②依靠掩护拉出到侧翼的空位上。与此同时，在外线的修丽娟④为张惠①做同样的掩护，张惠①利用掩护拉到弱侧的45°角，陈月芳⑤直接转身将球传给无人盯防的张惠①，张惠从容将球投中。

在这个配合中，中国队利用了自己快速灵活的特点和娴熟的跑位，将美国女篮的防线彻底扯开，创造了一次完美的空位投篮机会，这种配合在前面的比赛中是不多见的，正是美国女篮的贴身紧逼战术激发了中国女篮队员的斗志，通过快速的传球和高中锋的策应完成了这次堪称经典的破盯人配合（图 1-6-3、图 1-6-4）。

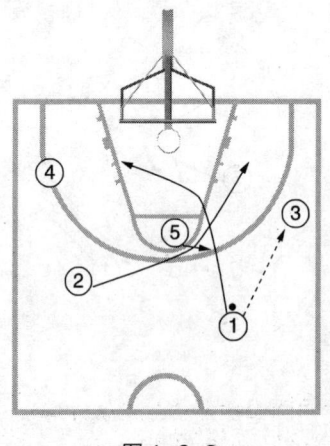

图 1-6-3　　　　　图 1-6-4

3. 美国队紧逼防守中国队崩盘

离中场还有 5 分 32 秒时，比分已经被中国队追平，美国队开始有些慌乱。多次投篮不中，抢得篮板球后又出现失误。中国女篮却遍地开花，在比赛还有 3 分 19 秒时以 79:69 领先。美国队及时要求了暂停，暂停后开始了她们的绝地反击。

篮球界有句老话：进攻赢得比赛，防守赢得冠军。美国队在落后的情况下强硬的防守正是她们获得最终胜利的钥匙。

当中国队控球队员运球到前场时，美国队的队员①迅速跟上堵住中国队①的左侧，这一领前防守迫使球向右侧转移。此时右侧的防守者②找好合适的距离及时地上前夹击。防守队员④去阻截传向②的传球，防守队员⑤轮转到有球一侧的内线，然后防守队员③提前去弱侧绕前防守弱侧的前锋③。美国球员惊人的速度和身体素质，使这种轮转换位在一瞬间完成，强大的防守压力和突然的防守节奏变化造成中国队多次的传、运球失误。

邱晨在离中场 1 分 36 秒时，五次犯规离场，中国队此时只领先 5 分。美国队出现一次失误，陈月芳拿到篮板球并传给张惠，造成对方犯规，两罚全中。美国队米勒突破"打三分"成功，比分变为 84:80。关键时刻中国队员有些急躁，在全场比赛还剩 1 分钟时，由于对方的紧逼防守，没有控制节奏仓促出手，对方拿到篮板球快攻得手。随之又是半场扩大人盯人紧逼，中国队再次出现失误，对方断球后造成宋晓波阻挡犯规，两罚全中将比赛拖入加时（图 1-6-5、图 1-6-6）。

中国队输在加时赛。宋晓波、邱晨、修丽娟等主力全部被罚下，中国女篮的实力大打折扣。而美国队却以全部主力出战，结果可想而

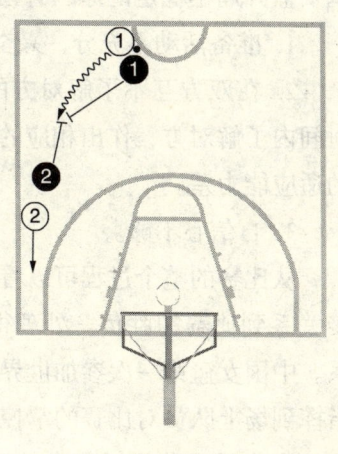

图 1-6-5

53

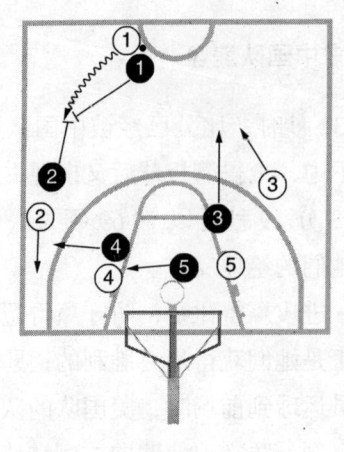

图 1-6-6

知：91:101，以中国女篮失利告终。但中国队发挥了水平，在常规时间遏制了美国队的进攻，让美国人出了一身冷汗，证明当时的中国女篮已经跻身世界强队之林。

三、点 评

本场比赛开局阶段进入状态慢，直接影响了后面比赛的结果。中国女篮开局不稳定的原因有三：

1. 准备活动不充分，兴奋度不够，未能体现最好的竞技状态。
2. 在双方互不了解对方的策略和意图的情况下，需要在最短的时间内了解对方，作出相应的战略战术调整，中国队对对方战术变化的适应能力差。
3. 自信心不够。

从比赛的整个过程可以看出，对比赛收尾阶段的处理和掌握，直接关系到比赛的胜负。处理得当与否，与比赛经验与意识有很大关系。中国女篮第一次参加世界性的大赛，在对阵欧美强队时，从临场指挥到场上队员对比赛的掌控能力方面，都差强人意。因此出现了比分领先在最后阶段被翻盘的情况。主要体现在：关键时刻破紧逼不力；失误增多，并出现了多次的带球撞人，说明心理还是比较急躁；关键时刻进攻成功率下降也是导致最后失败的原因。

要提高队伍的整体能力，首先需要提高队伍的心理素质，具备敢于直面对手的胆量，努力提高队伍的意识，增强对各种突发状况的应对能力。当然，双方实力对比仍是最基本的因素。如上面介绍的比赛，中国女篮缺乏破解美国全场紧逼的能力，想赢得比赛是十分困难的。

究其原因，中国女篮在最后时刻的崩盘是由于对突然加大的防守强度不适应，当今的中国男、女篮都有这样的问题，在对阵欧美强队时，强烈的身体对抗极大地消耗了我们队员的体能，技术动作也因此变形，以往准确的中、远投也失去了准头。中国队如果想要在2008年奥运会拿到理想的名次，就必须适应这种身体对抗，必须狠抓基本功。在平时的训练和CBA的比赛中，应该多鼓励身体对抗，合理地利用身体做动作，规范球员的基本动作是当务之急。只有如此才不会再出现以往的一直领先最后在对方的防守压力下自己出现低级失误而导致崩盘的情况。

无论如何中国女篮为我们奉献了一场精彩的比赛，希望中国男、女篮在2008年北京奥运会上继续发扬这种不畏惧任何对手的拼搏精神，给全国人民交一份满意的答卷。

铿锵玫瑰，第十四届亚运会中韩女篮龙虎斗

一、背景介绍

亚运会全称亚洲运动会，是国际奥委会所承认的地区性大型综合运动会，由亚洲奥林匹克理事会（亚奥理事会）主办。它不仅是亚洲地区规模最大、水平最高的综合性运动会，同时也代表了整个亚洲的体育运动水平。

第14届亚运会女篮决赛在韩国队和中国队之间进行，比赛安排在整个亚运会的最后一天。

1. 赛前分析

中、韩女篮在世界篮坛同属亚洲流派的典型代表，在技战术风格上有许多相似之处，也有很多值得互相学习和借鉴的地方。两支球队都曾经创造过辉煌的历史，也都品尝过被拒奥运会门外之苦涩。

说起中韩女篮的恩恩怨怨，简直可以写一本小说了，据资料统计，中国女篮自1974年涉足国际篮坛以来，在历次重大国际比赛中与韩国女篮交锋次数最多、变化最大，起落最明显，互相促进互相制约最明显，战例最典型。它在很大程度上真实而客观地反映出了中国女篮登上国际篮坛三十多年的发展变化。如表1-7-1所示，在本场比赛前，中韩女篮在亚运会、亚锦赛及东亚会的预决赛中共角逐29次，其总成绩为韩国胜14场，中国胜15场，然而如果不计预赛的胜负场数，只按决赛成绩计算，那么中国女篮的战绩为10胜

表 1-7-1　中韩女篮（1974~2001）比赛胜负统计表

时间	比赛名称	比分	中国名次	韩国名次	胜队
1974	第7届亚运会	71:84	3	1	韩国
1976	第6届亚锦赛	73:68	1	2	中国
1978	第7届亚锦赛	61:63	2	1	韩国
1978	第8届亚运会	68:77	2	1	韩国
1980	第8届亚锦赛	68:101	2	1	韩国
1982	第9届亚锦赛	64:65	2	1	韩国
1982	第9届亚运会	75:67	1	2	中国
1984	第10届亚锦赛预赛	76:59	1	2	中国
1984	第10届亚锦赛决赛	61:62	2	1	韩国
1986	第11届亚锦赛	82:65	1	2	中国
1986	第10届亚运会	78:64	1	2	中国
1988	第12届亚锦赛	72:73	2	1	韩国
1990	第13届亚锦赛	78:76	1	2	中国
1990	第11届亚运会预赛	75:60	1	2	中国
1990	第11届亚运会决赛	70:77	2	1	韩国
1992	第14届亚锦赛预赛	81:78	1	2	中国
1992	第14届亚锦赛决赛	89:76	1	2	中国
1993	第1届东亚运动会	81:69	1	2	中国
1994	第15届亚锦赛预赛	82:71	1	2	中国
1994	第15届亚锦赛决赛	74:66	1	2	中国
1994	第12届亚运会	73:103	3	1	韩国
1995	第16届亚锦赛预赛	73:78	2	1	韩国
1995	第16届亚锦赛决赛	94:69	1	2	中国
1997	第17届亚锦赛	65:72	3	1	韩国
1998	第13届亚运会	80:73	2	3	中国
1999	第18届亚锦赛预赛	64:81	2	1	韩国
1999	第18届亚锦赛决赛	73:80	4	1	韩国
2001	第3届东亚运动会	84:99	2	1	韩国
2001	第19届亚锦赛	100:64	1	3	中国

13负，其中东亚会是1胜2负，亚运会是3胜4负，亚锦赛是6胜7负。

韩国女篮可以说是中国女篮的老冤家，韩国队具有鲜明的特点，外线灵活、经验丰富，中国队则是身材高大、冲劲十足；韩国队的另一大特点是作风顽强，擅长绝地反击，常常在最后关头实施紧逼防守和快速进攻，给对手造成很大的心理压力。从身高上看，韩国队处下风，但她们的战术并不是和中国队拼身高，并不是在内线硬冲猛干，她们的拿手戏是内线和外线的结合，用外线带动内线。在历次与韩国队比赛中，中国女篮很少有大比分轻松胜出的时候，绝大部分比赛都是在最后时刻才决出胜负。

在第14届世界女篮锦标赛上，韩国队获得了第4名，略好于第6名的中国队。

2. 中国女篮实力分析

中国女篮参加世界性比赛曾有过辉煌的历史，1983年第9届世锦赛获第3名；1992年第25届奥运会获得亚军；1994年世锦赛也获得亚军。中国女篮在继承发扬快、准、灵、变技战术风格的基础上，全队平均身高猛增至1.83米，最大高度郑海霞达2.04米。随着郑海霞的日臻成熟，加之宋晓波的中投、丛学娣的远投、邱晨的快速突破、柳青的二次进攻，以及凌光、展淑萍、李昕、郑冬梅、王芳等各具特色的攻防技术，有力地促进了中国女篮技、战术的提高与发展，这为中国女篮创造辉煌的历史奠定了坚实的基础。在亚洲的比赛中，中国女篮也表现不俗，从第7届到第14届亚运会中国女篮获得3次冠军，3次亚军，2次季军。

转变出现在20世纪90年代后期，中国女篮自1996年第26届奥运会滑落到第9名，之后这种下滑趋势不但没有得到及时有效的遏制，反而愈滑愈远。1997年第17届亚锦赛中国女篮负于韩国和日本女篮，同年举行的第2届东亚会又负韩国女篮；1998年第13届世锦赛名落第12位，同年第13届亚运会两负日本女篮；1999年第18届亚锦赛两负韩国女篮，并退居亚洲第4名，更令人遗憾的是未能获得进军悉尼奥运会的入场券。

2000年中国女篮重组，由前任男篮功勋教练宫鲁鸣出任主教练，队伍以年轻队员为主，目标直指2008年奥运会。经过全队的努力，进步比较明显，2001年亚锦赛上获得冠军，2002年世锦赛上取得第6名。在本场比赛前可谓之"蒸蒸日上"，势头正旺，前景一片光明。

3. 韩国女篮实力分析

韩国女篮从1984年第23届奥运会的第2名开始下滑，经历了从第10届世锦赛到第13届世锦赛长达16年之久的低谷蹒跚之后，于2000年第27届奥运会上走出了低谷，她们仅以13分之差负于世界冠军队美国女篮，跃居第4名。2002年在中国举行的第14届世界女篮锦标赛上韩国女篮再次获得了第4名的好成绩。

韩国队在这一时期取得的好成绩与其国内推行的职业联赛有很大的关系，韩国女篮为了尽快提高运动水平，于1995年成立了韩国女子职业篮球联盟，并于1997年正式推出女子职业篮球联赛，而联赛的经费充足、奖励丰厚、奖项多，比赛场数增多，球市火爆，在很大程度上促进了韩国女篮技、战术水平的发展。韩国队员鲜明的特点在于她们具有良好的心理素质、个人基本功扎实、技术全面、外线攻击力强和战术多变，等等，依据这些特点，提出"快中加快"的战术思想，要求运动员提高应变能力，以充沛的体力和耐力作保障，培养在高速的移动和配合中发挥自身优势的能力，来适应"快、灵、准、狠"的战术打法。从悉尼奥运会和中国世锦赛上看，韩国女篮战胜实力强劲的俄罗斯、古巴、法国队，在与美国队两次交锋中，韩国女篮利用这一战术思想和打法，在进攻中不停地跑动、掩护、传切，利用外围投篮命中率高、全队失误少以及身体对抗性较强的优势，破坏对手的节奏，采用1-2-2区域防守和全场攻守战术体系，牵着对手打攻防，收效甚好。

在第14届亚运会上，韩国女篮基本上是处在近年来的最好状态，队员既有强健的身体又有比赛经验。

二、比赛进程

这场比赛是两队交锋历史上最激烈的一次碰撞。在这场中韩女篮的巅峰对决中，年轻的中国女篮最终以 80:76 击败了老辣的韩国女篮。比赛一波三折、惊心动魄。尽管在这场决赛的大部分时间里，韩国队一直落后，但是她们始终没有放弃，在第四节借主场之势，试图再次扭转乾坤。但是，中国女篮有效地化解了这种压力，笑到了最后。

从比赛的前三节看，一切似乎都在朝着有利于我们的方向发展，进攻中，中国队完美地做到了快慢结合和内外结合。无论是快攻还是阵地进攻都打得有声有色。陈楠和陈晓丽的背靠篮单打屡屡成功，给对方的球篮造成了不小的麻烦；苗立杰快若闪电的突破，有效地撕开了韩国队的防线，多次创造了"打三分"的机会；还有任蕾也投中了两粒金子般珍贵的三分球，使中国队一直按部就班地进行着比赛。防守中，针对韩国队出手快、投篮准的特点采用半场人盯人防守间或全场人盯人防守战术，有效地破坏了对手的进攻。前三节比赛，韩国队未能投进一个三分球，其赖以进攻的三分球彻底哑火，同时阵地命中率也不高。比分很好地反映了双方的比赛情况：第一节 24:21，第二节 42:35，第三节 63:53，中国队以 10 分的优势进入了第四节。

第四节，风云突变。韩国队以一个 16:2 的攻击波，一举扭转颓势，由 53:63 的落后 10 分到 74:67 领先 7 分。中国队在对方的紧逼防守下，失误频频，即使进入到阵地进攻中也多半投篮不中，比赛进行了 5 分 30 秒，中国队仅得到了 4 分。关键时刻，苗立杰防守对方金英玉犯规，被罚出场，并且送给对方加罚的机会。反观韩国队，依靠不知疲倦的跑动开始了疯狂的反击，外围投手金志胤关键时刻投中了两个可怕的三分球，这一时段韩国队得了 21 分。

关键时刻，隋菲菲带动全队绝地反击，将韩国人的冠军梦击得粉碎。

  在第四节中国队以 67:74 落后的危急关头，隋菲菲投进了一个价值连城的三分球。这一球不仅遏制了对方的得分势头，在中国队处于得分荒的时期稳定军心，也令全队有机会奋起直追。如图 1-7-1 所示，位于限制区的中锋陈楠⑮将球传至外围的陈鹭芸⑫，陈鹭云快速把球传给隋菲菲⑩，后者接球果断出手投中一压哨三分球。

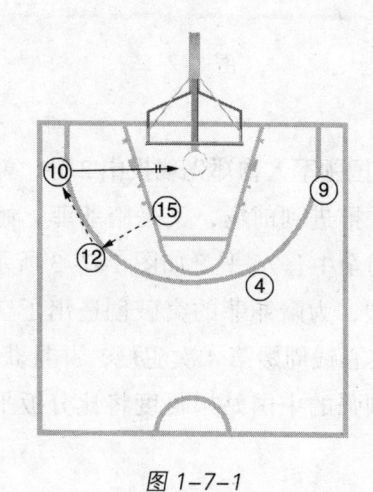

图 1-7-1

  随后任蕾的罚球为中国队再添 2 分，比分变成了 72:74，中国队仅落后 2 分。

  思想包袱再一次背到了韩国姑娘的身上。在韩国队员投篮时球神奇地卡在了球筐上，中国队获得了一次跳球机会。经过教练员的布置，中国队成功地进行了一次跳球战术配合。如图 1-7-2 所示，中国队以 2-1-2 跳球阵型落位，而韩国队员则在教练员的安排下用三名队员进行防守，只见陈楠⑮高高跃起，将球拍给了已经快下的隋菲菲⑩手中，虽然韩国队已有一名队员撤回防守，但是隋菲菲在对方限制区做了一个漂亮的运球后转身突破，将球送进篮筐，在终场前 2 分 26 秒帮助中国队追成了 74 平。

61

篮球经典战例解析

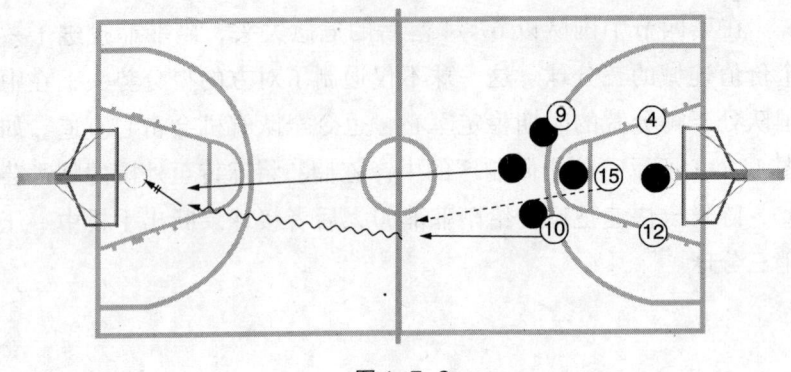

图 1-7-2

但在随后，韩国领军人物郑先珉投中 2 分，韩国队再度领先。

中国队发球，推进到前场，又是隋菲菲，她再次带球突破获得罚球机会，两罚全中，76 平。如图 1-7-3 所示，中国队进攻时保持了良好的阵型，为隋菲菲的突破创造出了空间。隋菲菲⑩运球突破造成对方核心钱周媛第 4 次犯规，并且获得两次罚球机会，随着两罚命中，顽强的中国姑娘再度将比分扳平。此后，韩国队进攻失手。

图 1-7-3

比赛进入最后一分钟，如图 1-7-4 所示，隋菲菲⑩外围突破，韩国队内线队员进行补防，结果漏掉了内线的陈鹭芸⑫，陈鹭芸接隋菲菲的妙传，篮下投篮得手，中国队 78:76 领先！在比赛还剩 16 秒的时候，中国队快攻反击陈鹭芸投中 2 分。最终中国女篮以 80:76 击败东道主韩国队。

图 1-7-4

三、点 评

16 年，整整 16 年之后，中国女篮重新获得亚运会冠军，自从 1986 年张大维带领女篮姑娘夺得亚运会冠军后，16 年来中国女篮再也没有机会站到亚运会的最高领奖台上，而 2002 年在釜山的那一刻，中国女篮宛若铿锵玫瑰，站在亚洲的最高领奖台上绽放着美丽的笑容。由于在随后的亚运会男篮决赛的最后时刻，中国男篮负于韩国队丢掉了 16 年没丢过的亚运冠军，中国女篮的这块金牌更显得弥足珍贵，成为中国代表团在该届亚运会上取得的最后一块金牌，那也是中国代表团在釜山的第 150 枚金牌。

时任篮球运动管理中心主任的信兰成赛后几次哽咽，"你要知道从领先 10 分到落后 7 分，再到最后的胜利，这是多么让人……"那个胜利的夜晚是属于中国女篮的，是属于为此奋斗的一代代中国女篮的。

中国女篮所收获的远比这块金牌重要的是，速度先行，而不是仅仅依靠高度来打球，球队走出了中国女篮对超级中锋陈月芳和郑海霞过分依赖的状态，实现了内外均衡发展。在本场比赛中，中国队在善于奔跑的韩国队面前多次打出了漂亮的快攻，同时还敢于对对方的外围投手进行紧逼防守，全场比赛，韩国队仅仅在第四节投中2个三分球，全场比赛为13投2中，彻底扼制了韩国队的远投。另一方面表现在，中国女篮的心理成熟了。在上万名韩国主场观众和啦啦队员的助威声中，在裁判员多次作出对中国队不利的判罚时，中国姑娘顶住压力，战胜了老对手韩国队。正如韩国队主教练李文圭在赛后说的一样，"中国和韩国队的比赛，重点不在于双方的技、战术，到最后纯粹是精神之战"。此前，在2001年亚锦赛上，中国队也曾战胜韩国队获得冠军，加上2005年在亚洲锦标赛的决赛中以73:67获胜，连续三次获得亚洲冠军，说明中国女篮克服了"恐韩症"。

宫鲁鸣在赛后说，"女篮年轻的姑娘们在落后的情况下再打回来，在关键时候顶住了压力，让我感到欣慰。这场比赛是一个标志，16年了，我们没有拿过亚运会的冠军。这对如今这支组建只有两年的新女篮来说意义很大。当然后面还有一系列的比赛，这个胜利也只是一个开始。"

队员个人的成攻与收获也显得尤为可贵，任蕾和隋菲菲是本场比赛表现最为出色的两名队员。任蕾一人独得16分，4个篮板球，在关键的第三节投中两个三分球，在第四节罚中两分帮助球队扳平比分。隋菲菲在这场比赛后俨然成了中国女篮最耀眼的明星。隋菲菲独得18分，居全队之冠，成为最大功臣。正如隋菲菲在赛后所言，"从那以后，所有人都记住了中国女篮的10号，我觉得自己像个暴发户，从一个一穷二白的穷小子，中了百万大奖，一夜之间突然来了那么多钱，不知道该怎么用了，我觉得自己是幸运的，如果没有那场比赛，大家关注的就不是隋菲菲而是其他人了。"也正是由于在本场比赛的优异表现，隋菲菲赢得了WNBA的青睐，2005年4月，隋菲菲成功地登陆萨克拉门托郡主队。

  这场比赛的另一个意义在于，作为球队主教练的宫鲁鸣带领中国女篮走出了低谷，也再一次证明了他的执教能力。1996年亚特兰大奥运会，作为主教练的宫鲁鸣就曾率中国男篮有史以来第一次闯进了奥运会前八，饮誉篮坛。

既生瑜，何生亮，
南钢与宏远解不开的冠军情仇

一、背景介绍

CBA 十年一场大戏，这场大戏的主角就是江苏"龙"和广东"华南虎"。龙虎势均力敌，一路杀到关键战，在全国男子篮球甲 A 联赛（CBA）十岁之际，终于让球迷品尝了一把本土的第五场决赛，就算当年"八一"队与上海队的巅峰对决也未曾出现过总决赛打到决胜场次的景象。此外，大戏里除了有精彩的对决和悬念，还有一位旷世英雄——"中国乔丹"胡卫东。悲情英雄加上精彩激烈的对决和诸多悬念构成了 CBA 历史上少有的经典，而经典则塑造 CBA 新的高度和辉煌。

1. 关键战决定新王者能否诞生

CBA 十年来，先后诞生了三个王者。第一个王者非夺得 7 次冠军的"八一"莫属，第二个王者则属于姚明所在的上海队，第三个当属势头正盛的广东队。江苏"龙"和广东"华南虎"的关键战则有可能产生第四个王者。本赛季江苏"龙"和广东"华南虎"的势均力敌使其成为可能。江苏"龙"要想成为新的王者必须取得第五场的胜利。

2. 看"小华南虎"能否铺就王朝之路

一个球队是否构成了王朝，主要是通过球队连续夺得冠军的能力和球队阵容的稳定性,以及持续发展的能力三个方面来衡量。其中连续三次夺得联赛冠军则是构成王朝的必备条件。从 CBA 已经过去的几个赛季的冠军分布来看,因 1995—1996 到 2000—2001 赛季连续六次夺得冠军,"八一"队可以称之为真正的王朝。此外,"八一"队独特的风格、严格的俱乐部管理、相对稳定的阵容等要素决定了"八一"队长期在中国篮坛的重要地位。此外,上海队因为姚明的成长而夺得 2001—2002 赛季的冠军。但是随着姚明的离开,球队的实力受到极大的削弱,缺乏构成王朝的相对稳定的阵容结构。最后,从 2002—2003 赛季广东 1 比 3 负"八一",到 2003—2004 赛季总决赛广东 3 比 1 胜"八一",并第一次获得联赛冠军,及其球队人员配备来看,广东队在相当长的时间内都会是联赛冠军的有力争夺者。稳定有力、结构完整的球队阵容、相对稳定的风格、规范的俱乐部管理以及逐渐成熟的年轻球员等要素决定了广东队有构筑王朝的极大可能。广东队要想尽快成就王朝,就必须成功卫冕冠军。

3. 悲情英雄——"中国乔丹"胡卫东

胡卫东在 2004—2005 赛季似乎并不幸运:先是 CBA "十年最佳贡献奖"与他无缘,接着在占据主场优势原本想一口气确定战局,夺得皇冠的情况下,风云突变,进入了 CBA 历史上的第一个决胜战。尽管他已经是很多人心中的 MVP,永远的 MVP,人们还是不自觉地问"中国乔丹"是否会加冕呢?是否会再一次地证明自己呢?也许许多人有此想法,但在下决定之前,请耐心体味"中国乔丹"的英雄史。

1995—1996 赛季,江苏队在保级战中挤掉了南京部队,顺利留在了 CBA。现在想起来,这场比赛依旧让人热血沸腾,江苏队在客场输了十来分,主场最后时刻被打平,老胡罚球,为了能进入加时赛把总比分扳回来,老胡故意两罚不中。进入加时赛之后老胡连续两个三分,率领江苏队在加时赛中扳回了十几分,自救成功。这是老胡的神奇表现挽救了球队。在球队保住命运的同时,胡卫东被队友高高抛起。这一年，老胡将 CBA 的第一个 MVP 收入囊中。

1996—1997 赛季，是属于胡卫东的赛季。他的三分球、切入、上篮、断球、快攻、扣篮，样样精彩。抢断仅次于山东的鞠维松，助攻排前五，扣篮第六，得分和三分球则毫无争议的第一。赛季末，他单场得到 55 分。胡卫东还在第一次举办的 CBA 全明星赛上得到 46 分并获得 MVP。

1997—1998 赛季，连续两年拿到 MVP 后，胡卫东经历了他职业生涯的第一个低潮期。长期的伤病夺走了他的状态，这年的 MVP，胡卫东"让位"给了巩晓彬。胡卫东再也不是那个无所不能的上帝，山东的成志明就曾经把他防得没有脾气，而南钢最终仅列第七。

1998—1999 赛季，伤病令胡卫东变得平庸至极，而这也让他终于下定决心要彻底治疗伤病了。1999—2000 赛季，胡卫东休战一个赛季，他只能坐在场下看着南钢队被别人欺侮。2000 年 3 月 17 日，NBA 魔术队希望与老胡签一个十天合同，因为伤病，老胡错过了也许是改变人生的机会。这是整个亚洲篮球的损失，但对于老胡来说，是个莫大的证明。

2000—2001 赛季，经过一年的等待，胡卫东终于复出，这让南钢体育馆再次为他沸腾。当老胡在这里迎来姚明时，他用 30 分 12 次助攻让姚明见识了他的厉害，但是南钢却输了球。来到上海，胡卫东的 44 分令所有人咋舌，次日的媒体用了这样的标题——胡卫东血洗上海滩。就在所有人认为这个赛季的 MVP 又非胡卫东莫属时，篮协却跟球迷开了个玩笑：非前四名队的队员不能得 MVP！于是，MVP 归大郅所有。

2001—2002 赛季，胡卫东在联赛首轮就扭伤了脚，其后状态严重下滑，这甚至延续到 2002—2003 赛季——胡卫东在不停地伤病、治疗、康复的过程中度过了这个赛季。2002 年底，胡卫东在鼓楼医院进行了右足舟骨的治疗手术。尽管归队后状态不佳，但却为此后的爆发做了最好的铺垫。

2003—2004 赛季，老胡兼做球队的助理教练，他依然是球队的核心。球场上的胡卫东迎来了职业生涯的第二春，他的三分球依然神准，他的突破依然犀利，他的助攻依然美妙。尽管在半决赛之中输给了"八一"队，但是胡卫东只给他的小弟兄们这样一句话："这就是年轻人要付的学费！"

老胡时刻：1994年的男篮世锦赛，是老胡在争进前八的关键战斗中将西班牙队拖进加时赛，然后在西班牙队的犯规战术中从容罚球——10罚10中，几乎以一人之力将西班牙队逼疯，而中国队历史性地闯入世界前八；1999年9月5日，是胡卫东最开心的日子。那天正是亚洲锦标赛中国队与韩国队的决战。比赛进行到终场前6分钟时，韩国队连续投中三分球，将与中国队比分差距缩小到4分，场上气氛突然紧张起来。关键时刻，胡卫东又灵光闪现，重现投手本色，2分钟内接连四个三分球将中国队的胜势锁定，最终中国队以63:45击败对手，将失去了两年的亚洲锦标赛冠军收入囊中。

4. 两队综合实力对比分析

(1) 防守：广东队稍占优势

没有强有力防守的球队在总决赛中是没有出路的，这已被多年的NBA和CBA的总决赛所证明。从广东和江苏两队在联赛中的相关数据来看，江苏队和广东队的防守相差无几。但是由于广东队有主力阵容年轻的优势，这为他们实现高强度防守提供了体力保证。综合比较，广东队的防守稍占优势。

(2) 进攻：江苏队胜出

防守虽然能决定总冠军，但没有好的进攻也是得不了总冠军的，这就是总决赛辩证法。两队都是内线有"双塔"，外线有多名投手级人物。但从整体攻击力上说，江苏队更强一些，他们也是将半场进攻打得最好的球队之一。随着麦考伊状态的提升，唐正东状态正旺，江苏内线"双塔"在半决赛中发挥了重要作用，这也是在常规赛上，云南队远投投不死江苏龙的最大原因。进攻能力上，江苏要好于广东。半决赛3战，广东队场均得103.3分，江苏则轰下126.7分的惊人分数，创下CBA半决赛得分之最，而他们的绝大多数得分是靠半场进攻掠下的。广东队得分略低，也与"八一队"防守好，故意将比赛节奏放慢，打消耗战有关，但在总决赛中和江苏打起对攻战、快攻战时，不一定落下风。

(3) 教头：广东队胜出

2001年1月15日，李春江接过广东宏远队主教练的教鞭，以严格治军、严格管理、严格训练为原则来管理广东宏远队，使队伍始终保持着旺盛的斗志。在他的带领下年轻的广东宏远队一路领跑，成为一支真正能与"八一"队抗衡，并最终成为称霸CBA赛场的王者之师。与胡卫东相比，李春江的教练经验和总决赛经验显然更丰富。能否在总决赛中充分发挥自己的聪明才智，将首次打进总决赛的江苏队的能量全部释放出来，是摆在胡卫东面前的最大挑战。

(4) 经验：广东队胜出

总决赛拒绝新来者，这是总决赛箴言。但这并不是说新来者就没机会当总冠军，而是强调总决赛的经验在对抗中的重要性。在这点上广东队的积臣和一群小"华南虎"们在CBA摔打了数载，并两次打进了总决赛，有一定的总决赛经验储备。广东队的球员李群说："有没有总决赛经验是完全不一样的，我们现在的队员打过两次总决赛，我相信只有经历过了才真正知道什么是总决赛，在比赛中该怎么去调整。这些经验会让我们的准备工作更有针对性，让我们的信心更强。"江苏队进总决赛则是大姑娘上轿——头一回，经验少，就看能否扬长避短，这只有在势均力敌的对手激烈对抗的关键时刻才能显示出来。

(5) 替补：江苏队胜出

这一点江苏队占有优势，他们板凳上坐着雷恩、易立、仇素兵、孟达等好手，广东队板凳不如江苏队，只有张吉、宋希等人，别的队员难堪大用。

5. 总决赛前四场比赛回顾

在第一、二场双方的试探性攻击后，双方亮出绝招（季后赛的三、四场），并战成2:2。

第三场：两队首发阵容与上一场完全相同。开场后江苏队在篮板球方面拼抢得十分积极，在唐正东的带领下打出13:0的完美开局。首节比赛进行到5分多钟，广东队才由积臣在底线附近后仰跳投取得首次得分。首节比赛结束，场上比分为29:17，江苏队领先。第二节广东队大举反扑，将比分逐渐逼近。凭借老将胡卫东三分线外的神准表现，江苏队得以让领先优势保持在5分以上，以57:48结束上半场的争夺。下半场开始，主场作战的江苏队得分势头有所减缓，第三节比赛结束，主队以84:79，尚保持5分的优势。最后一节进行到3分多钟，两队85:85回到同一起跑线，此后比分开始交替上升，比赛呈现白热化状态。江苏队以95:98落后之际，整场外线毫无建树的张成扔进一记关键的三分球，扳平比分，98:98。接着胡卫东"突破+罚球"成功连取6分，最终江苏队以105:101取得总决赛第三场的胜利。

第四场：比赛一开始就进入了广东队的比赛节奏，王仕鹏的突破分球盘活了比赛，首节，广东队以32:26领先。杜锋和李群首节就陷入了犯规麻烦，各领了3次犯规。第二节，胡卫东披挂上阵，广东队派上外援积臣，王仕鹏和朱芳雨的三分球打开了局面，最多时领先对手20分，广东队以67:53进入中场休息。第三节，双方力拼内线，胡卫东投出了第一个三分球，广东队依旧坚持打快攻，以88:76领先进入最后一节。关键的第四节，广东队又犯了领先后不会打球的老毛病，杜锋和李群先后6犯离场，但对胡卫东的防守做得很成功。在对方打出了一波12:4的高潮、比分差距一度缩小到5分时，易建联的灌篮稳定了军心，最终以107:100赢得胜利。十年来总决赛首次进入决胜场。王仕鹏以36分成为全场得分王，朱芳雨20分，杜锋10分，而易建联贡献21分并抢下17个篮板球，外援积臣也有6分和8个篮板球入账。反观江苏队，上一场大放异彩的胡卫东只得9分，得分最高的是天价外援麦考伊26分，唐正东贡献20分和4个篮板球，小个子后卫胡雪峰意外拿到了21分。

综上所述，广东和江苏各有优势，狭路相逢勇者胜，两者都有可能登上王位。

二、比赛进程

1. 全场比赛基本情况。首节比赛，江苏队在广东队领先的情况下打得不急不躁，尽心尽力防守，控制篮板球，将比分追平、反超，从中可以看得出来江苏队对比赛做了充足的准备。第二节开始没多久江苏外援雷恩就拿到了两双，同时被邱大宗寄予厚望的张成也在本场比赛适时苏醒爆发，关键时刻的三分球为江苏队稳定局势。广东队的几次反扑也都被江苏队扑灭，江苏队全体将士在全场观众热情的支持下第三节结束时领先广东队12分，第四节开始阶段更是领先了16分。此时此刻，几乎所有人都以为江苏队将会成为 CBA 的第四支冠军球队，成为除"八一"之外第一次杀进总决赛就获得总冠军的球队。但正如汤姆贾诺维奇所说，"不要轻视一颗冠军的心"。广东队虽然落后达16分之多，但他们并没有放弃，对冠军的渴望之火依然在胸中燃烧。而江苏队此时或许是觉得胜券在握有些懈怠，或许是在前三节拼得太凶体力达到了极限，他们没有趁热打铁，相反扼住广东队的手倒渐渐松了下来，给了广东队喘息之机。而江苏队的仁慈不亚于放虎归山，广东队老将李群吹响了反攻的号角，三分中的，紧接着前三节没有什么表现机会的神射手朱芳雨接连投中三分，个人连打带罚瞬间砍下10分，将比分追成81平。眼见着领先优势被蚕食的江苏队，此时又犯了急躁的毛病，几次进攻不中，外线盲目出手，而广东队的投手朱芳雨和王仕鹏依然有如神助。巨大的心理落差令江苏队更加盲目，张成、麦考伊、唐正东先后六犯离场，中国乔丹本场比赛没有再次上演胡卫东 show time，只能这样眼睁睁地看着冠军宝鼎慢慢走远。

2. 第四节关键时刻战术分析。从第四节的比赛进程上，可以将其分为江苏扩大优势阶段，宏远奋力反击阶段，双方相持阶段，宏远坚决摆脱获得胜利四个阶段。

(1) 江苏扩大优势阶段。易立的单打，江苏队抢断球后胡雪峰的上篮使江苏的领先优势由12分扩大到16分。其中易立精彩的篮下脚步后的投篮中的，则预示着本节比赛将更加激烈、精彩。如图1-8-1所示，胡卫东②传球给底线要位的麦考伊⑤，麦考伊顺势将球传给从底线突入篮下的胡雪峰①，而胡雪峰在突到篮下时将球传给从另一侧插向篮下的易立③，易立利用精彩的交叉步后将球送入球篮。此后，胡雪峰利用本方的抢断上篮得手。

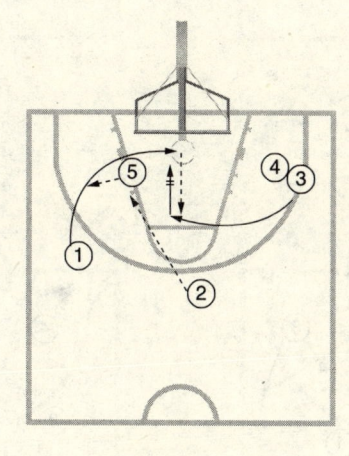

图 1-8-1

(2) 宏远奋力反击阶段。李群的三分球，朱芳雨的连续得分打开了广东队的胜利之门，让广东队看到胜利的曙光，而江苏队由于十几分的优势突然化为乌有，巨大的心理压力开始出现。其中李群的三分则是广东队吹起反攻的号角，朱芳雨的得分则是比分迫近以及超越江苏的关键。且看图1-8-2中经典的界外球配合：李群①发界外球给易建联④，易转身传球给进入场内的李群①，并上前给李群①掩护，李群利用掩护远程发炮中的。再看图1-8-3：李群①发界外球给易建联④，易转身传球给进入场内的李群，与此同时，朱芳雨③和王仕鹏②则交叉换位，李群①则将球传给朱芳雨③，后者在三分线外命中。在

篮球经典战例解析

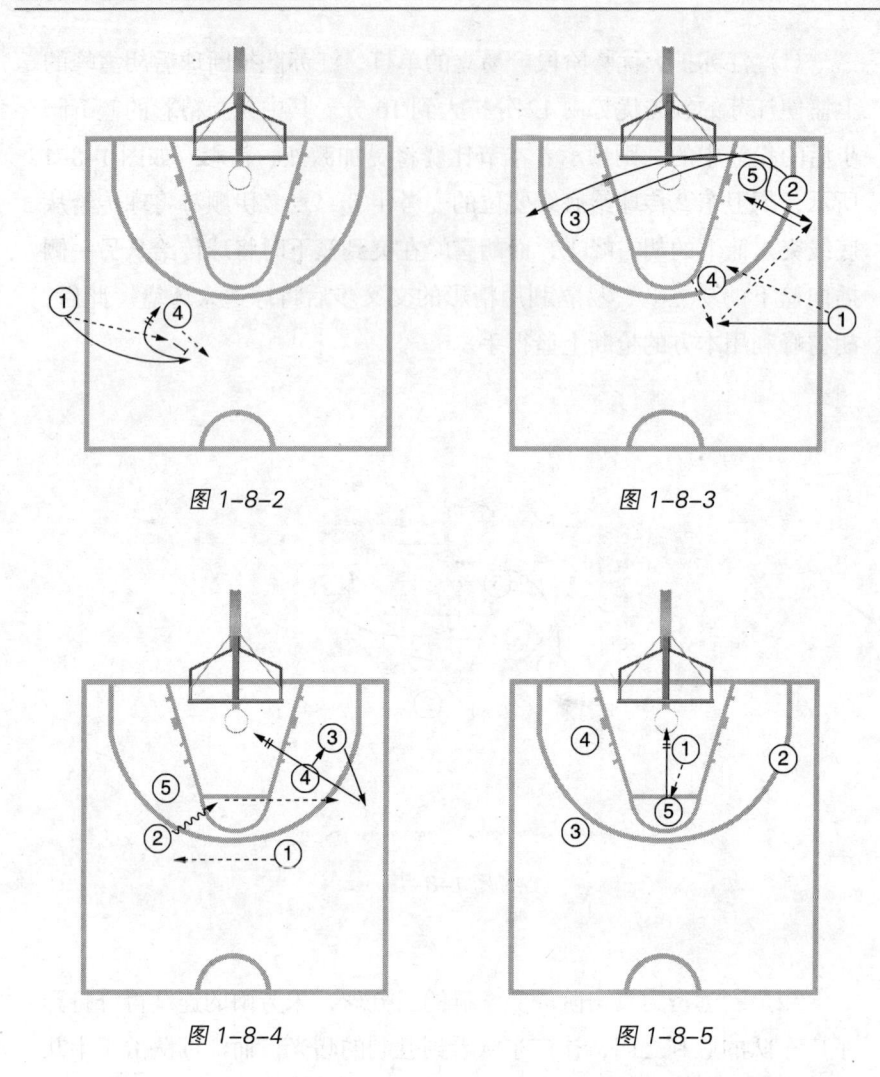

图 1-8-2

图 1-8-3

图 1-8-4

图 1-8-5

图 1-8-4 中，李群①传球给王仕鹏②，王则顺势切向篮下，此时，朱芳雨③则利用掩护上提到三分线外，然后接王仕鹏②的传球三分中的。图 1-8-5：李群①突入篮下然后转身将球传给跟上的积臣⑤，积臣中距离投篮中的。图 1-8-6：从另一侧经篮下上提的朱芳雨③接李群①的传球强行上篮得分。一系列成功的进攻使广东队逐渐赶上江苏队，使对抗进入令人窒息的拉锯战。

（3）双方艰苦的拉锯战。在本节段，胡雪峰三分和积臣的三分则

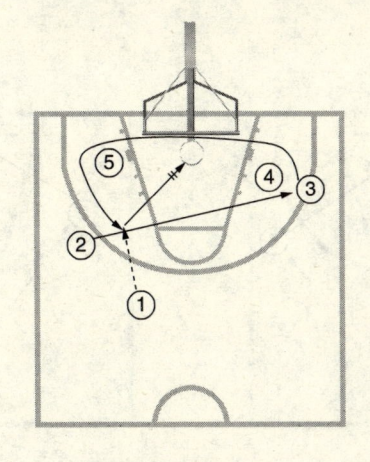

图 1-8-6

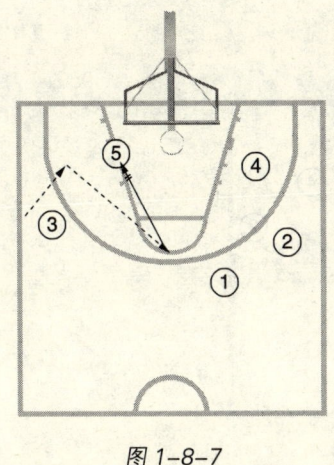

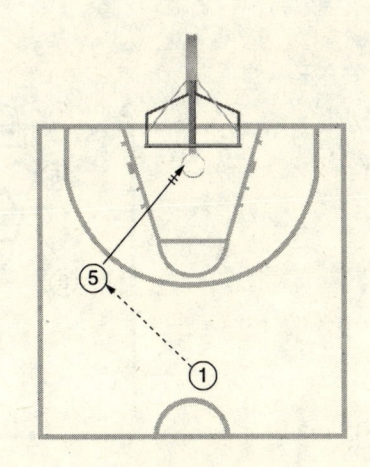

图 1-8-7　　　　　　　　　　图 1-8-8

是双方艰苦拉锯的代表。图 1-8-7 中，江苏队经过内外结合的进攻未果抢到篮板球后，又一次把球交到内线要位的唐正东⑤，唐则将球传给外线的胡雪峰①，胡雪峰直接起跳投篮命中三分。此后，广东队则还以颜色，图 1-8-8 中，后卫李群①运球过半场，将球传给积臣⑤，积臣三分直接命中。

（4）在艰难的拉锯战中，广东则凭借朱芳雨、王仕鹏的得分逐渐确定胜局。如下三次成功的进攻都是经过很简单的战术配合后外线直

篮球经典战例解析

图 1-8-9

图 1-8-10

图 1-8-11

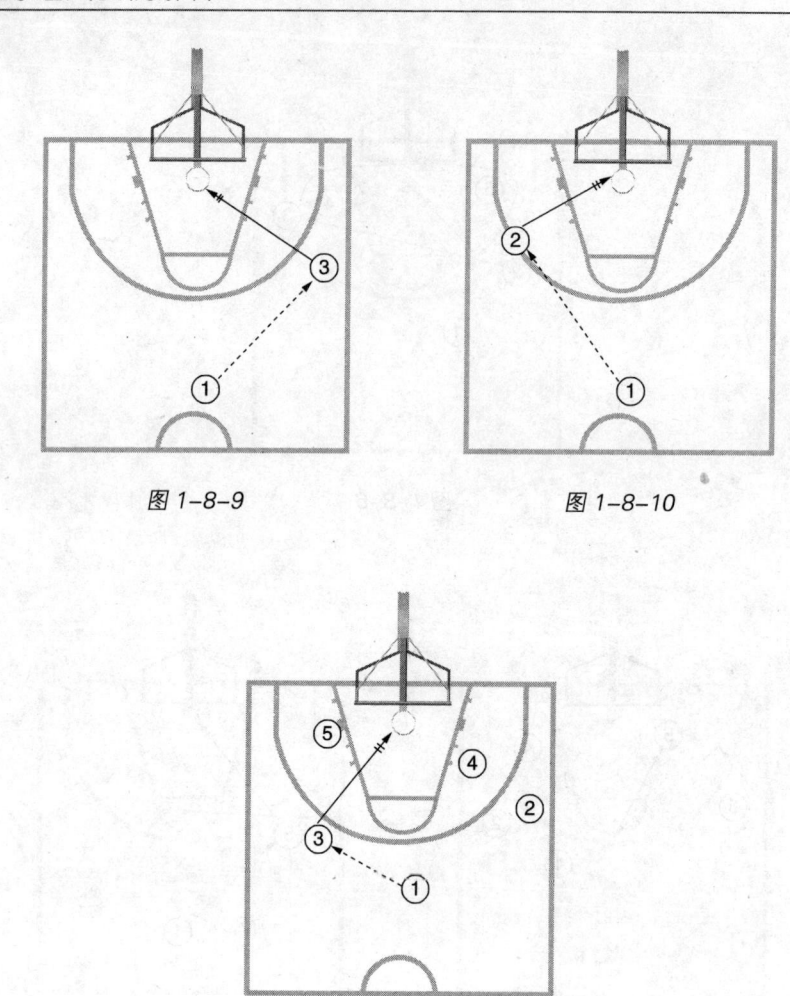

接投篮命中（图 1-8-9~图 1-8-11）。

三、点　评

　　广东队开局打得还不错，但是慢慢被江苏队追上甚至反超，这个原因主要是出在篮板上。江苏队今天的前场篮板球抢得相当好，特别是雷恩·凯利。从进攻上看，第一次进攻命中率都不是很高，但是第二次进攻江苏队相当的好,而广东队这一方面处理差得多。江苏队在比赛中士气相当高,多数时间打得都不错,哪怕是在落后的情况下,特别是在前三节,落后的情况下将比分反超。在这点上,雷恩·凯利功不可没,他在进攻、防守、篮板等方面得到了全面的发挥。而且从落后到反超再到拉开比分,都有雷恩在场上。最后的第四节,江苏在领先了16分后被广东反超,最主要的原因是领先的时候比较放松。开始的时候,江苏整个外线出手都很多,而广东的外线出手很少,比如杜锋整场比赛仅得了2分,朱芳雨命中率也不高。广东的外线完全被江苏封死了,当第四节领先的时候江苏队的防守放松了。

其次,从教练员临场指挥上来看,江苏队有不少值得商榷的地方。其一,在雷恩·凯利的使用上没有明确的想法。雷恩·凯利在本场的发挥相当不错,是江苏队前三节保持对广东队领先优势的重要原因。但是在第四节,场上情势相当严峻时却看不到他的影子,等到局势不行了凯利再上场,为时已晚。其二,表现在关键时刻暂停的使用上。在广东队领先,江苏队落后的相当长的时间内,我们看到场上队员思想上极度混乱,战术执行不力的情况下,江苏队没有叫暂停。其三,在暂停时间对球队的指挥上出现失误,最直接的原因是对场上的形势缺乏准确的判断,在战术上忽视了广东队的外线。其四,表现在关键时刻的战术准备和战术安排上。对比广东队很多成功的界外球战术以及简洁的快攻战术,不得不怀疑江苏队赛前和临场的战术安排的针对性和有效性。

最后,不得不提系列赛事的风云人物——胡卫东,我们不怀疑他有决定比赛结果的能力,无奈年岁已高,还身兼两职,在巨大的体力消耗和精神压力双重影响下,这位国内相当长时间内的标志性射手,在最后一场一分未得。我们不能责怪这样一个对冠军充满渴望的篮球斗士,我们相信有一天他定会登上冠军的奖台,因为老胡拥有着永不言败的冠军的心。

三十年河东，三十年河西，"郅者"归来重建"八一"王朝

一、背景介绍

按照中国人的习惯，12年象征着一个轮回。2006—2007赛季的CBA总决赛，便是CBA历史上第一个轮回的起点。王治郅、易建联谁将成为旧轮回的终结者？"八一"，广东，谁又将成为新轮回的开始者？这一直是2006—2007赛季不变的主旋律。

第一、MVP之争

从12年前的中国男子篮球甲A联赛"八一"男篮第一次捧得冠军奖杯开始，12年来"八一"队11次打进总决赛，并7次问鼎总冠军，辉煌的战绩让"八一"队成为一支名副其实的王者之师。每一支这样的队伍都会产生一个传奇般的人物，对于"八一"队而言，王治郅就是这个英雄。可以说，在CBA，王治郅的故事是一个真正没有遗憾的神话。而英雄再度归来，更加渴望冠军的荣耀。

在2006—2007赛季结束后易建联将去NBA，作为CBA历史上最年轻的总决赛MVP，易建联称得上是广东队捍卫三冠王的绝对功臣。季后赛上，易建联场场发挥出色，目标直指总冠军。尤纳斯更是少见地对其评价道："CBA能防住易建联的只有王治郅。"也许就像当年的王治郅、姚明一样，易建联也希望以在CBA的完美谢幕当做自己NBA的美丽起点。而拿下总冠军，不仅是一种荣耀，更是一种勉励自我的仪式。

王治郅和易建联带着上述使命感，全身心地投入到总决赛，大战四场后，"八一"队以3:1领先，最后一场总决赛，对于广东宏远队来说是背水一战，对于易建联来说，不仅是最后的机会，要好好把握，更为重要的是，如果广东宏远队输掉这场比赛，这就是他在CBA的谢幕赛，易建联可不想以一场失败来结束自己在CBA的谢幕战。

第二、教练员斗法

对于"八一"队主教练阿的江来说，前几个赛季面对阵容豪华的广东宏远队，内线一直是他的最大痛处，王治郅归来之后，这一问题得到了缓解，也拥有了夺冠的砝码。但是，面对紧密的赛程和老将们的伤病，面对广东宏远的主场优势，阿的江非常清楚第五场比赛的艰苦性。

对于广东宏远队主教练李群来说，前几场的失利所带来的外界压力和信任危机，只有通过比赛来证明自己。面对背水一战的第五场比赛，如何利用主场优势，遏制王治郅的发挥，击破"八一"队的顽强意志，是李群首先要解决的问题。

第三、双方实力对比

如果仅从队伍实力分析，近三届联赛的总冠军广东队无疑占据上风，他们阵容整齐，队员们大都处于运动生涯的黄金时期或上升阶段，"八一"队虽然曾七次获得总冠军，但老将、伤兵满营。但在总决赛的前四个回合，"八一"队却递交了一份绝对出人意料的答卷。王治郅的回归虽然使双方实力的天平发生了些许变化，但"八一"队的老辣风范和铁血军旅的顽强作风也再次让人叹为观止。

反观广东队，三场比赛的失利过程极其相似，都是在上半场甚至第三节还大比分领先的情况下被对手翻盘。究其原因，主要有三：一是战术打法不稳定，从双外援、单外援到全华班摇摆不定；二是年轻队员急于求成，关键时刻自乱阵脚；三是易建联的作用不明显，队伍中缺少一个稳定军心或者勇往直前的核心人物。

第四、前四场比赛回顾

第一场：由于是在广东宏远的主场进行，对"八一"队来说，难度非常大，而且关系到整个季后赛的进程，所以"八一"队准备得十分充分，稳扎稳打，依靠王治郅的出色发挥以及全队顽强的防守和比赛经验，在客场艰难取胜，从而取得了整个季后赛的主动权。

第二场：由于第一场的胜利，"八一"队在心态上出现了变化，比赛中在防守上显得拼劲不足，进攻中又不够耐心，致使比分在第三节就被广东宏远队拉开，从而客场告负。其实，也不能排除由于连续征战，"八一"队在体能上出现了透支的可能性。

第三场：回到主场的"八一"队并没有很快进入状态，倒是客场作战的广东宏远队早早地找到了手感，上半时领先"八一"队最多时达20分。但是进入下半时后，"八一"队加强了防守与内线的进攻，慢慢将比分追回，并在最后关头由后卫王中光投入制胜一球，将比分反超。广东宏远队则在最后一次进攻中失误，被"八一"队成功逆转，痛失好局。

第四场：总决赛的第四场，广东队在最多领先14分的情况下又被逆转，输掉了第二个客场。虽然常规时间的最后阶段凭借朱芳雨的超远程三分球和易建联的中投扳平比分，但经过加时苦战，还是以100:103不敌"八一"队，总比分以1比3落后，"八一"队离夺冠只有一步之遥。

第五、比赛结果预测

1. "八一"队的三场胜利都是在逆境中获得，他们打恶战的能力有目共睹。最后的较量势必更加惨烈，而在恶战之中的心态和发挥恰恰是广东队的"命门"。

2. 在战术布局以及教练临场指挥和队伍的应变能力上，"八一"队稍胜一筹。纵观前四场比赛可以看出，阵容实力的强弱已经在总决赛中退至次席，而队伍的大赛经验、临场应变能力以及球员的拼搏精神等"意识"层面的因素成为主导赛事走向的关键。

3. 和广东队缺乏领军人物相反，"八一"队却不乏"关键先生"。除了王治郅这个不变的核心外，34岁的老将张劲松、20岁的小将王中光等都能够在不同场次力挽狂澜。

4. 比赛结果对"八一"队极其有利。在接下来的三场比赛中，"八一"队只要取得一场胜利就将获得总冠军，其中，"八一"队将在第六战回归主场。

对于体能处于劣势的"八一"队而言，他们显然不希望打满七场。第五场，"八一"队将赴广东客场作战，此役开局，"八一"队也许会"投石问路"，如果有机会，再奋力取胜。如果大势已去，势必如同第二场后半段自动放弃，保存体力，待主场结束总决赛。

因此，胜利的天平已经倾向"八一"队。

诚然，赛场形势的变幻莫测正是竞技体育的最大魅力之所在，正如"八一"队三比一领先也出乎人们赛前所料。如果广东队能够稳定军心，扬长避短，也仍然有望实现四连冠的梦想，如果真是那样，无疑会诞生CBA历史上的又一个经典。

二、比赛进程

首节开始后，王仕鹏率先底线投篮命中，防下了"八一"双鹿队的一轮进攻后，广东宏远宝玛仕再中一球，随后两队交替错失进攻机会，严密的防守使双方都未得到较理想的出手机会，不过"八一"双鹿队还是率先打破僵局，并由王中光投篮命中将比分追平，随后陈可又投中三分将比分反超，这迫使李群立刻请求暂停。但暂停过后，广东宝玛仕队依旧没有太多起色，并又让陈臣投中3分，双方差距逐渐被拉开。广东宏远宝玛仕糟糕的开局着实令大多数人跌破眼镜，整条防守线形同虚设，陈臣利用主队的一次低级失误轻松上篮得手。关键时刻，易建联挺身而出，连投带罚拿下4分为主队稳住了局面。凭借着杜锋在第一节末的快攻双臂扣篮，广东宝玛仕以18:21落后"八一"双鹿队结束首节。

广东宝玛仕在第二节开始后防守更为凶狠，而他们也凭借着易建联的内线强打得手在该节先拔头筹，随着积臣快攻得手，广东宝玛仕已将比分反超1分，而"八一"双鹿队则连续三次外围三分不中。客队的又一次失误使广东宝玛仕再度轻松得分。王治郅的超远三分命中终于打破了"八一"队第二节不得分的尴尬局面。两队的状态似乎都在交替起伏，广东宝玛仕经历了一阵得分高潮后又陷入低迷，而"八一"双鹿队则靠王治郅和莫科连续投中三分球夺回了领先。第二节进行到4分32秒时，李楠外围接球便投命中三分，"八一"双鹿队以35:32领先。暂停过后，张劲松又命中三分，而与之呈鲜明对比的是，广东宝玛仕仍然未投中三分。"八一"双鹿队在第二节的状态越来越好，甚至打出了原本属于年轻球队的高速攻防，比赛局面完全倒向客队。值得一提的是，"八一"双鹿队在防守易建联时所采用的方法取得了不错的效果，他们尽可能地将易建联逼出他所擅长的限制区范围。半场结束，"八一"双鹿队以43:35领先广东宝玛仕。

下半场一开始王治郅便送给了对手一个"火锅"，而易建联抢到篮板球后也投篮未果，莫科为"八一"双鹿队拿下了第三节开始后的头两分，不过泰伦斯的上场为广东宝玛仕提供了更多进攻火力，他连中两个三分球又令主队看到了希望。张劲松在比赛中的球运奇佳，继上半场投进一个匪夷所思的三分球后，第三节他又命中一记超远距离打板三分球。当然，广东宝玛仕队也完全找回了以往的三分感觉，王仕鹏凭借着逼真的虚晃以及漂亮的脚步移动命中三分。杜锋的上篮令广东宝玛仕将比分反超，但"八一"双鹿队又连追两球，第三节结束，"八一"双鹿队依旧领先4分。

关键的第四节开始了，相比前三节，易建联更放得开手脚了，他面对莫科的遮脸式防守依旧中距离跳投命中，但遗憾的是，张劲松的手感热得发烫，他底线再中三分将差距拉大至7分。王仕鹏和易建联的空中接力配合提升了广东宝玛仕的士气，后者又在接下来的一次快攻中上篮得手，差距再度只剩2分。还是经验帮助了"八一"双鹿队，张劲松难以置信的上篮使双方分差回到8分。

关键时刻：

1. 离比赛结束还有 2 分 22 秒时，"八一"队以 85:76 领先，似乎大局已定。但是，朱芳雨命中一记三分球，将比分追至 85:79，只落后 6 分。

2. "八一"队在随后的一次进攻未果之后，广东队迅速反击，并由易建联投中一个三分球，将比分追至只差 3 分。

3. "八一"队进攻又未成功后，易建联在进攻中造成莫科的犯规，并 2 罚 1 中，将比分追至只差 2 分。

4. "八一"队经过战术配合后，由李楠实施进攻。李楠三分试投又不中，篮板球被广东队获得。经过暂停布置后，由泰伦斯控球组织进攻。结果在泰伦斯成功突破后，将球分给易建联时，传球失误，丧失球权（图 1-9-1）。最后，广东队只能采用犯规战术，但"八一"队的队员们沉着冷静，保住了胜利果实。合理的战术、成功的突破、低级的失误。

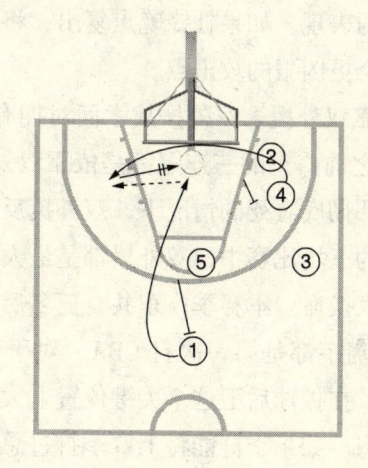

图 1-9-1
①为泰伦斯，④为易建联，⑤为积臣

三、点　评

事实上，"八一"队能够夺得最后的冠军，并非因为"八一"队的实力在广东之上，而是因为广东队出现了太多的错误，根本没能发挥出自己的真实水平。

而作为广东队主教练李群，对于这次失败自然脱不了责任。尽管广东队输球的所有责任不能都推在李群身上，但是李群在比赛中屡屡指挥失误却是真实存在的。

李群在战术安排中的不妥之处：

第一，建立易建联核心。易建联显然还没有百分之百的实力成为球队的核心，在关键时刻，易建联总是很难在进攻中给予球队更多的帮助。这在很大程度上和易建联的低位进攻手段匮乏有关系，整个总决赛中，易建联的表现远远低于常规赛和季后赛前两轮的表现。

第二，杜锋提前复出。2007年1月21日，杜锋本赛季首次伤愈复出，但是在几场比赛后杜锋膝盖再次出现问题，所以在广东季后赛第一轮同上海的比赛中不得不再次缺席。随后，杜锋的伤病直接影响到了他在总决赛中的表现。如果杜锋晚点复出，将伤彻底养好，总决赛中广东将会有一个更凶狠的攻击点。

第三，过分依靠双外援。双外援战术面对拥有王治郅的"八一"队似乎并不管用，之前广东的三连冠都是依靠双外援的强大攻击力。但是在积臣被王治郅彻底看死的情况下，双外援反而成为了球队的软肋。在最开始输掉的三场比赛中，双外援都是最大的败因。

第四，后卫线大换血。本赛季广东共有三名后卫，其中除了张喆之外，陈江华和刘晓宇都是第一次打CBA。对于一支以卫冕总冠军为目的的球队而言，在控球后卫这个关键位置上大换血无疑已经给最后的失利留下了隐患。如果李群能将上赛季打过总决赛的曲绍斌留在队中，相信会对球队有更多的帮助。

第五，积臣防守大郅。尽管积臣自己说他比易建联更适合防守王治郅，但是从比赛的效果来看，王治郅并不怕积臣的防守。面对积臣，王治郅拥有身高优势，这样王治郅即使在体能下降的情况下依然可以凭借身高优势拿到分数。

当易建联防守王治郅的时候，王治郅的进攻明显吃力得多，但是李群为了保证易建联在进攻中的攻击力从而没有选择用易建联和王治郅对位，这是一个最大的错误。

第六，华仔回归平庸。李群本赛季上任的第一件事情就是将陈江华调入一队，但是现在看来，陈江华在李群的手下似乎变得越来越平庸。陈江华的速度优势只能偶尔在比赛中闪光，而在大部分时候陈江华和李群的进攻体系都不合拍，在总决赛中，陈江华的作用发挥得更小。

除了李群之外，广东俱乐部的一些昏招也为广东队的失利埋下了伏笔。

球探云集东莞：数十名有NBA经历的球探成为总决赛前两场比赛最亮丽的风景线，但是对于易建联和广东球员来说，这些球探的到来并非好事。易建联在前两场比赛中过于兴奋，而随后的状态则有些低迷。而在第一场比赛中，泰伦斯误以为球探来观察他，而拼命表现，反而打乱了广东队整体的战略部署。

宣布阿联赴美：在易建联进行总决赛的同时，广东宏远官方已经透露易建联将在总决赛之后直接赴美参加训练营。尽管广东俱乐部认为这个消息不会分散易建联的注意力，但实际上，这样的消息不但会让易建联分心，同时还会令其花更多的精力来应付媒体。

王治郅和易建联是2006—2007赛季CBA总决赛的两位主角，由于王治郅的回归和易建联的赴美使本届总决赛成为郅联的终极对抗。从之前进行的比赛来看，王治郅作为亚洲进军NBA的第一人，比阿联年长10多岁的大哥，在本届总决赛的整体发挥明显好于即将参加NBA职业选秀，而且有望高位中选的易建联。参加过无数场CBA、NBA、FIBA等国内、国际大赛的王治郅面对中国的CBA

的总决赛,显得更加游刃有余,特别是几年 NBA 的训练和比赛所累积的经验也是易建联所无法比拟的。本届总决赛几乎逼出了王治郅的全部实力,易建联去 NBA 还需要学习很多。王治郅当选总决赛 MVP 是实至名归。

浪子回头，
"八一"演绎王者归来

一、背景介绍

  2006—2007CBA 总决赛因两个人——王治郅（昵称大郅）和易建联（昵称阿联）的存在，而成为 CBA 12 年来最经典的对决之一，它甚至超过了 1999—2000 赛季"明郅"那次唯一的总决赛对决。一个从 NBA 征战归来，一个将要踏上 NBA，王治郅与易建联在 CBA 总决赛战场相遇，这或许是一个再也无法复制的"交集"。五年前，大郅击败了仍然稚嫩的姚明后踏上 NBA，中国内线长城之争也从此降下了帷幕。五年后，昔日的主角大郅归来，但演对角戏的不是姚明，而是另一个即将踏入 NBA 的新星易建联。

  自 CBA 联赛开创以来，"八一队"共 12 次挺进总决赛，其中 7 次捧杯。在这 7 次夺冠中，1995—1996 赛季至 2000—2001 赛季 6 次夺冠，均是在王治郅的率领下完成的。王治郅也让 CBA 联赛史上创下"王治郅='八一'夺冠"的定律。在这 6 个赛季中，王治郅先是击败李春江作为球员时带领的广东队，捧起 CBA 首个冠军；然后连续三次将"东北虎王"孙军挑落下马；最后在踏上 NBA 之前，王治郅还将有姚明助阵的上海队压在身后，创造了"八一"队 6 夺总决赛冠军的辉煌。

  而"八一"队在缺少大郅后，也只能望"杯"兴叹。在姚明离开 CBA 踏上 NBA 后，广东队成为近三年 CBA 的霸主，尤其是 CBA 的新人王易建联愈加成熟，轻取江苏之后，广东队将向四连冠发起新一

87

轮的冲击。王治郅也重新率领"八一"队向 CBA 总冠军迈进，广东队能否打破宿命，让"大郅定律"破解，将是总决赛的一大看点。

1. 广东宏远队基本状况：在尤纳斯入主中国男篮后，使易建联有机会充分展示自己，现在的易建联不但进攻颇具威胁，而且凭借其出色的弹跳力在后场篮板球的掌控上也表现出相当的实力，常规赛场均 25 分、11.5 个篮板球、1.8 次盖帽的骄人战绩让球迷交口称赞。再加上队中朱芳雨、杜锋、王仕鹏、陈江华等新老国手正在当打之年，又有两名外援助阵，整体实力比较，广东宏远略占上风。所有队员身体状况和竞技状态良好，只有杜锋刚刚伤愈，可能对其临场发挥有影响。另外 2006—2007 赛季广东宏远由少帅李群领衔，不论是在训练和临场指挥的经验上都稍有不足。

2. "八一"队基本状况：五年前的大郅是"八一"队的核心，但他身边还有李楠和刘玉栋这两位可以随时独当一面的队友，五年后的今天，李楠因伤状态受到影响，刘玉栋已经成了坐在场边的领队，再加上胡克以及陈可两名"八一"队上赛季的主力一场未打，"八一"队内外线都缺人，一度只有八个人打球。尽管李楠归队，但伤病刚刚恢复及年龄上的劣势，谁又能保证其竞技状态呢？大郅常规赛场均得到 26.6 分、9.5 个篮板球、2.3 次助攻、1.7 次盖帽，其中他的场均得分排名联盟第五，是 CBA 前五名仅有的中国球员之一，率领"八一"队常规赛取得 25 胜 5 负战绩。王治郅一个人撑起了"八一"，他不仅仅改变了"八一"的内线，也让"八一"的攻防体系变得均衡，也让"八一"除了铁血精神之外，还有那绝对的实力。大郅常规赛用实力赢得了核心地位，并在季后赛中充分展现了其核心价值，无论是在对阵浙江万马，还是在对阵辽宁盼盼，大郅都在赛场上展现出惊人的统治力。

3. 两队实力比较：整体上看，两个队都没有明显的优势，但广东队的六名新老国手使其略占上风。"八一"队的国手虽然也不少，但除大郅之外其他人差不多算是边缘人。尤其是原来国家队的主力李楠，自从因伤缺席了世锦赛，基本失去了主力位置。而王仕鹏上升得很快，凭借其出色的远投和突破能力从国家队的边缘人物成长为主力选手。虽然板凳深度不如广东宏远队，因为"八一"队多名队员有伤病或者是从伤病中刚刚恢复，只有八九人可以上场，而广东宏远却有10到11人能够上场征战，但"八一"队进入总决赛的次数要多于广东宏远队，对于球员和教练组来说这是一笔宝贵财富，而且主帅阿的江身经百战，一直是国家队和"八一"队的主力控卫，临场经验丰富，接手球队教鞭之后，执教艺术和水平更是令人称道，为"八一"队取胜增添了筹码。

在中锋的位置上，"八一"要好于广东宏远，王治郅个人能力非常全面，尤其是他的个人攻击能力。在国内六次参加 CBA 总决赛，六次举起了总冠军奖杯，又在 NBA 联赛征战了一段时间，无论从经验和自身实力上，大郅都要强于积臣和易建联，一对一防守大郅对两人来说都很困难。易建联现在还非常年轻，缺乏大赛经验，短时间内还不能迅速成长起来。但易建联出色的弹跳使其篮板球能力更强，特别是前场篮板球。正如总决赛前阿联所说："与大郅相比，我的经验有些欠缺，但我也有自己的优势。比如，我的速度快、弹跳好。"而"八一"队在季后赛对辽宁的比赛中，虽然辽宁队没用外援，内线队员身高不够，又很年轻，"八一"队的篮板球仍然还是输给了他们，可见"八一"队的篮板球能力是一大隐忧。

在半决赛时，看着阿联的出色表现，国家男篮主教练尤纳斯便说过，他在国内唯一的对手只有王治郅。2006—2007 赛季阿联场均 25.6 分、11.8 个篮板球和 2.6 个扣篮，0.85 米的垂直起跳高度更是他最大的本钱。大郅则场均 27.4 分、44.4% 的三分球命中率，投篮准确、防守判断独到。大郅赛前说过，"我在的时候'八一'都是冠军！"大郅这话确实不是吹嘘，是自信的表现，也是实力的反映。两人的表现难分伯仲，只能说技术特点各有千秋。谁将带领球队最终捧杯，这将是总决赛的又一大看点。

三分球一直是广东队和"八一"队在关键场合取胜的钥匙。在过去夺冠的经历中，"八一"队有王治郅拉到外线投三分取胜，也有"战神"刘玉栋在比分焦灼时刻命中三分占先，更有李楠多次在季后赛最后时刻的三分一剑封喉。

广东队同样拥有懂得在垂危时刻画上神来一笔的球员。王仕鹏，在2006年的日本世锦赛上，中国对阵斯洛文尼亚，在全场比赛只剩5.8秒时仍然落后2分，他快速运球过前场后便直接远投，三分命中，中国以1分绝杀斯洛文尼亚队。朱芳雨，一个以三分球奇准出名的队员，更在2005—2006赛季与江苏队总决赛的第5场表演了3分绝地反击的经典之战，2006—2007赛季常规赛朱芳雨场均三分球命中率达到45.1%。尤其是在经过欧洲拉练以及世锦赛的洗礼后，朱芳雨意识到自己三分投篮的缺陷，改变了自己的投篮方式，提高了自己的跳投技术，无疑增强了他的进攻能力。除此之外，广东队的杜锋、泰伦斯等人三分远投技术也可在关键时刻发挥重要作用。

在一号位上，两队的实力难分伯仲。王中光的经验、身高、力量方面都要占一些优势，而广东队中刘晓宇、陈江华速度快，脚步好。尤其是陈江华的速度将给广东队提供更多的进攻选择，除其速度可以冲垮"八一"队的防守队形外，还可以通过突破分球由队友完成致命一击，当然对于这些队员的使用是需要教练员的临场指挥艺术的，恰当的时机派其出场是能够收到意想不到的效果的，如果一味地猛冲猛打，反而会影响本队的进攻节奏，毕竟篮球是集体项目。

二、比赛进程

1. 主帅用兵

7战4胜的总决赛首场比赛的重要性不言而喻，"八一"队首发阵容莫科、陈可、李可、王中光、张劲松，两员老将王治郅和李楠都不在其中。而对手广东队的首发则除了年轻的刘晓宇之外，四大国手杜锋、易建联、朱芳雨和王仕鹏悉数上阵。这样的阵容很快随着比赛的推进得到了解释，阿的江雪藏大郅、李楠的目的就是为了尽量保存老将的体能。因此比赛的开局属于年轻的广东队。第一节，广东队以27:17领先了10分，王治郅在第一节最后2分钟上场；第二节，李楠上场，广东队仍然以46:39领先7分；第三节，"八一"队以68:66反超2分；最终，"八一"队以94:89取胜。比赛的最后，王治郅、

浪子回头，"八一"演绎王者归来

李楠、张劲松等老将体能消耗殆尽，而张劲松和王中光两名"八一"队的后卫，都已经身背了五次犯规。虽然开场落后广东队，但结局属于老到的"八一"队。尤其是在战术的运用上，"八一"队的素养更高，把握机会的能力更强。

三分球一直是广东队和"八一"队在关键场合取胜的钥匙。如图1-10-1、图1-10-2所示，"八一"队在第四节打出了一次精彩的底线球战术配合。李楠⑪由左侧经右侧底角佯装要接陈可⑨的传球，然后再拉到左侧底角。同时王中光④下压为莫科⑥做掩护，莫科在弧顶偏右接陈可⑨的传球，此时王治郅⑭为发球的陈可⑨做掩护，然后低位要球佯装打篮下，陈可⑨上提到弧顶偏右侧接莫科⑥的传球，莫科传球后切入内线，吸引防守的注意力，此时陈可⑨在无人干扰下远投命中。这一连串的战术配合，充分利用了对手的思维定势，认为"八一"队会由大郅强攻篮下，或者是李楠远投，而"八一"队恰恰利用了对方的麻痹心理，由小将陈可完成致命一击。

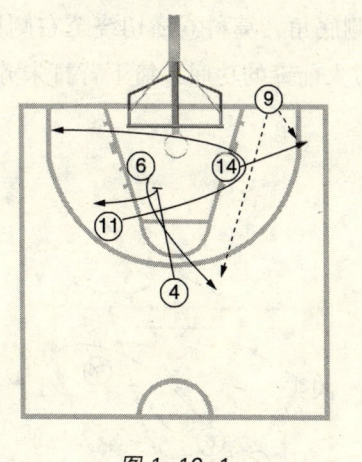

图 1-10-1 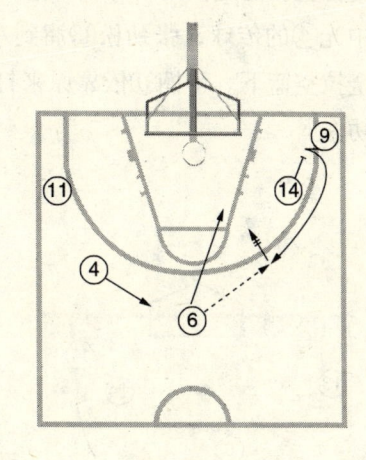　　　　　　　　图 1-10-2

2. 老将发威

"八一"队两老将33岁的李楠和34岁张劲松无疑是"八一"军旅精神的最好体现。在他们身上这种顽强拼搏永不放弃的精神可谓体

91

篮球经典战例解析

现得淋漓尽致。本场比赛中，李楠、张劲松屡屡在关键时刻挽救球队，起到了稳定军心的作用。比赛的最后一节当"八一"队扭转局势之后，事实上坐镇主场的广东队已经无法再放开手脚了，因为他们面对的是总决赛七战四胜的第一场，是在自己的主场确立优势的机会。比赛的最后阶段，"八一"队的两员老将王治郅和李楠则成为最耀眼的明星，王治郅"打三分"、外线投篮，以及李楠坚决的强打和最后阶段稳定的罚球帮助"八一"队抑制住了对手最后几分钟的疯狂反扑。当"八一"队77:75领先对手后的两分多钟时间里，双方互相折腾了几个来回，都无功而返，在东莞球迷疯狂的喊叫声中，双方的体力都已经达到了透支的边缘，此时"八一"队的老将李楠站了出来。如图 1-10-3 和图 1-10-4 所示，发端线球后，王中光④快速将球推进到前场，王治郅⑭和李楠⑪落在了右侧，莫科⑥和张劲松⑬落在了左侧。莫科⑥上提弧顶为王中光④做掩护，王中光④将球运到弧顶偏左的位置。与此同时，王治郅⑭为李楠⑪做掩护后，李楠上提弧顶接王中光④的传球，张劲松⑬溜到左侧底角，莫科⑥横切绕至右侧翼，完全拉空篮下。李楠⑪依靠原来打过大前锋的功底，篮下背打朱芳雨成功。

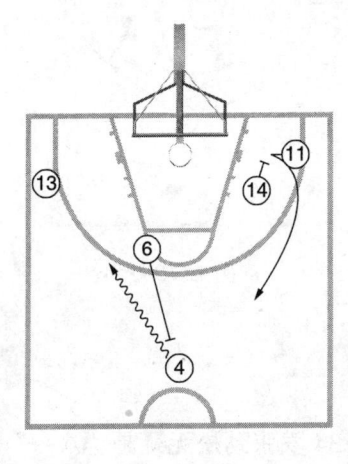

图 1-10-3 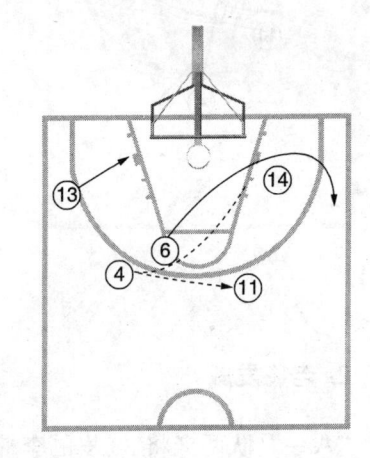　　　　　　　　　图 1-10-4

92

三、点 评

1. 阿的江棋高一筹。"总决赛当然不仅仅是战术，还要拼防守。"阿的江赛后说，他的队员在这场比赛中很注重抓住机会，虚虚实实，兵行诡道，对王治郅、李楠和张劲松这三名老将的使用更是深思熟虑。"我是特意没有让王治郅先上场，这是根据对手人员情况安排的，虽然我们在第一节输了一些，但是从结果来看，我们已经达到了目的。""田忌赛马"的经典战例被阿的江演绎得淋漓尽致。"八一"队的优势是经验和防守，而广东队的优势是进攻，并且年轻有冲击力，如果"八一"队的几员老将跟着广东队的节奏打，结果可想而知。相反先用几员年轻的小将抵挡住广东队的进攻，消耗对方的体能，然后在适当的时机让王治郅、李楠上场必然会取得理想的结果。

军旅铁血精神是传家法宝。"八一"双鹿男篮能够在客场战胜广东宏远，除了"八一"队整体实力以及王治郅回归后发挥的巨大作用外，军旅的顽强拼搏永不言弃的铁血精神无疑成为制胜的重要原因。"八一"队主帅阿的江曾说："在我们的心中，永远也不会有'放弃'这两个字眼，无论比分是什么样，我们都会坚持拼到最后一刻！"这无疑是对"八一"军旅精神最好的诠释。本场比赛"八一"队是以微弱优势取胜的，可以说两队实力和场上表现都相差不多，而到最后时刻却是客场作战的"八一"队坚持到了最后，原因何在？那就是顽强的军旅精神在支持着"八一"队。如果说"八一"队在整体实力上并不如广东队的话，他们永不放弃的精神绝对是他们获胜的最大资本。

2. 双外援难敌全华班。第一节，双方都以全华班出阵，王治郅令人意外地没有出现在"八一"队首发阵容中，广东队以7分的优势领先结束上半场。整个下半场，广东队换上双外援后，第三节单节输了9分，第四节不但没能挽回败局，单节又输了3分。以往的得分利器双外援，变成一件"自杀性武器"。泰伦斯的真实水平，并不足以使他成为核心球员，在关键时刻起到决定性作用。因此比分落后时，泰伦斯作为组织后卫，有些不知所措，经常是自己单打独斗，没有起到组织后卫的作用，拖累了整个球队，完全陷入被动之中。而另一位外援积臣，大部分进攻都是在篮下硬打王治郅，但是在身高和力量上都不及大郅，完全被抑制住了。同时，他不拉出来投篮，还占据了易建联的进攻空间。

3. 球星对位，王治郅更胜一筹。"大郅参加的总决赛，'八一'队肯定能胜。""中国球员参加 NBA 前的最后一次 CBA 总决赛，所在球队一定会赢。"当两条 CBA 总决赛定律成了矛盾的双方，王治郅和易建联也必须在这次总决赛中完成对决。

总决赛首场两大中锋在球场上并没有完全对位，只有第二节易建联绕前协防王治郅时的盖帽给球迷留下了深刻印象。先发出场的易建联得到全队最高的 24 分，外加 8 个篮板球；而第二节才开始得分的王治郅得到同样是全队最高的 22 分和 8 个篮板球，还有全场最高的 4 次盖帽。不过，看起来不相上下的数据背后，包含的却是不一样的意义。

王治郅在防守方面的表现要更加突出。第三节，广东队想让进攻更有杀伤力，集中打篮下，被王治郅封盖了几次投篮，减轻了"八一"队的外围防守压力：外围加强防投，放其突内线，后面还有大郅的盖帽，于是广东队灵活、快速的特点完全发挥不出来，进攻被抑制是广东队输球的主要原因。这场球，除掉最后"八一"队在犯规战术下那几个罚球，广东队还是把"八一"队的得分限制在了 90 分之内，是正常的，但他们自己没打到 100 分，就不正常了，问题出在自己的进攻上。如果广东队能摆正心态，放开手脚，最后的结果还是很难预料的。

易建联的表现不如王治郅有其内涵，尽管他有精彩的暴扣，还是略显肤浅，在身体对抗上还显得较弱。他的得分主要集中在第一节，当时王治郅不在场上，"八一"队的内线容易突破。下半场关键时刻，易建联这个得分点更是几乎消失了。

五年风波路，大郅经历太多，这个曾经媲美诺维茨基的追风少年，脸上已经布满风霜，不过，大郅的篮球天赋还在，王者霸气还在，那颗冠军的心还在。大郅一路走来，经历了世锦赛受伤病折磨的低迷，经历过人们怀疑目光的洗礼，不过此时，大郅用实力让一切怀疑烟消云散。

世界篇

梦里探花，
阿根廷男篮对梦的解析

一、背景介绍

自 1992 年开始至 2004 年，由 NBA 球员代表的美国队出征奥运会还没有被挡在决赛之外的历史，此前 NBA 球员已经为美国队连夺了三届奥运会男篮金牌。但这次代表美国队出战的"梦六队"似乎已经不复当年前辈们的威名，在小组赛中就曾两次输球。而这场大卫·斯特恩亲临现场观战的比赛，更是让 NBA 总裁见证了梦的破灭。至此，铜牌已经是美国男篮在此次奥运会上能获得的最好成绩。

此役吉诺比利砍下 29 分，帮助阿根廷取得了这场胜利，而被击败的对手，是美国"梦六队"——这项体育的统治者。在 2002 年的世界篮球锦标赛上，阿根廷队也曾战胜了"梦五队"。阿根廷采用了几乎和 2002 年世锦赛夺得银牌时相同的阵容，再创辉煌。

1. 对阵双方简介

阿根廷男篮，1932 年成为 FIBA 成员，阿根廷在世锦赛上的历史非常辉煌，早在 1950 年第一届世锦赛上，他们就勇夺冠军。此后的四届世锦赛，阿根廷三次打入前十名，但是成绩始终无法更进一步。直到 21 世纪初吉诺比利出现后，阿根廷队重新走上了世界篮球的巅峰，他们在 2002 年世锦赛决赛中惜败于塞黑，获得了亚军。两年之后，吉诺比利率领阿根廷力压美国、立陶宛等竞争对手，在雅典奥运会上完成了夺冠。

吉诺比利、诺西奥尼、奥博托、斯科拉、佩佩·桑切斯，阿根廷这五位先发球员中，有四名已经有了 NBA 的身份。相比较之下，剩下的那位控球后卫佩佩·桑切斯显得那么与众不同，但是在球场上，他的表现却丝毫不逊色于任何一名 NBA 的球员。

桑切斯其实长得和吉诺比利有几分相像，清瘦的面容，高挺的鼻子，也许最能分辨他们的除了球衣上的号码之外，就是他们头发的颜色了。桑切斯是一头金发，而吉诺比利则是一头黑发。但是在球场上，桑切斯爆发出了一种和吉诺比利完全不同的气质。他也许没有吉诺比利那样的柔韧性，也没有吉诺比利那样的速度，但是他那种大将的风范却让场边的球迷为之心折。在比赛中佩佩·桑切斯打得相当出彩，在美国上了大学的他不仅仅打法实用，而且也耳濡目染了一些美国式的篮球文化。

场上桑切斯的精彩场面层出不穷，快攻中的背后传球，像长了眼睛一样飞到队友的手中；运球中的单手传球隐蔽性极强，让人很难分清是传球还是变向；还有些球，仅仅是轻轻的一碰，就打到了其他队友的手中。难怪场边的解说员也会惊呼，桑切斯让人看到了阿根廷的"魔术师"。

如果说，吉诺比利让人觉得是一名冲锋陷阵的猛将的话；那么，佩佩·桑切斯就是阿根廷阵中最优雅、最从容的一名统帅。

2002 年羞辱般的世界男篮锦标赛成绩让不少 NBA 超级巨星答应参加 2003 年美洲杯赛（即 2004 年夏季奥运会美洲区预选赛）。他们轻松获得了第一名，取得了在次年夏天进军希腊雅典奥运会的资格。

不过，这支参加了 2003 年美洲杯赛的队伍很快就分崩离析了。出于安全原因，12 名球员中有 10 人选择不去雅典比赛。美国篮协只得寻找他们的替代人选。最终经过修补的梦六队有一群 NBA 新星和一些似乎已经过了气的老将组成。队中唯一称得上是超级巨星的是蒂姆·邓肯和阿伦·艾弗森——他们也是 2003 年的美国男篮中仅剩的两人。

"梦六队"的主教练是拉里·布朗。虽然由于班底是 NBA 球员，这支球队也被以"梦之队"相称，不过在看过他们的表现之后，恐怕媒体不会再使用这个称呼了。当然，也有一些媒体称之为"梦魇队"（Nightmare Team）。

在奥运会前，"梦六队"就在德国科隆被意大利大胜17分；而两天后还是在科隆，梦六队靠着阿伦·艾弗森的超大号三分才把与德国的比赛拖入了加时赛。世界上的人们第一次发现，梦之队原来如此不堪一击。

美国人的实力在2004年8月15日的雅典得到了验证，波多黎各在雅典奥运会的比赛中以92:73大胜"梦六队"。这是美国男篮在奥运会历史上第三次输球，而对"梦之队"来说，这是第一次。波多黎各球星卡洛斯·阿罗约掀起的进攻狂潮表明，国际篮球已经赶上了美国篮球的步伐。在险胜希腊和澳大利亚之后，美国男篮输给了立陶宛。此时"梦六队"在奥运会中2胜2负。四年前错失反败为胜的压哨三分机会的萨鲁纳斯·雅克维休斯这次为立陶宛狂取28分。

由于以89:53大胜安哥拉，"梦六队"得以通过小分优势以小组第四名出线，这是该组种子队中排名最低的。在四分之一决赛中，面对之前保持全胜的西班牙，美国人在场上表现出了优势。凭借斯蒂芬·马布里的31分，"梦六队"以102:94战胜了西班牙人，把他们排除出争夺奖牌的行列。

不过比赛中的一些迹象表明，"梦六队"可能在之后输球。果然在半决赛中他们被阿根廷以89:81淘汰出局，彻底断绝了争夺金牌的希望。之后"梦六队"在铜牌争夺战中以104:96战胜了立陶宛，结束了奥运会之旅。这是美国男篮在奥运会历史上第三次没有获得金牌，而对"梦之队"是第一次。2004年前，美国男篮在奥运会中只输过2场比赛，而这一次他们一届比赛就输掉了3场。

二、比赛进程

比赛进行到下半时第三节还剩9分10秒时，始终落后的美国队这时仍然以40:46落后于阿根廷队，如图2-1-1所示，桑切斯①在中线位置控球，吉诺比利②借助奥博托④的掩护跑出三分线接桑切斯的手递手传球后，立刻将球回传，然后转身向场地另一侧的三分线外移动（图2-1-2）。

吉诺比利在斯科拉③的掩护下在场地左侧45°角附近位置接到桑切斯的传球。这时，斯科拉③的防守人由于在之前掩护中的换位已经处于斯科拉的后面，借此机会，斯科拉向篮下空切，吉诺比利直接将球传给他上篮得分（图2-1-3），而负责盯防斯科拉的奥多姆此时能做的事情也只是在他的身后叹息了。

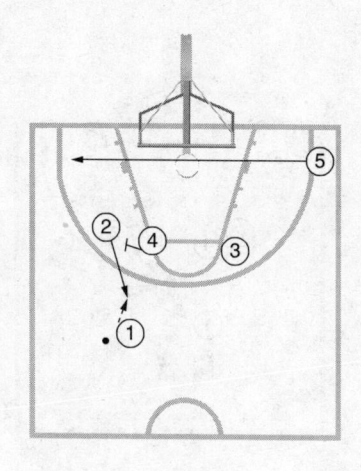

图 2-1-1

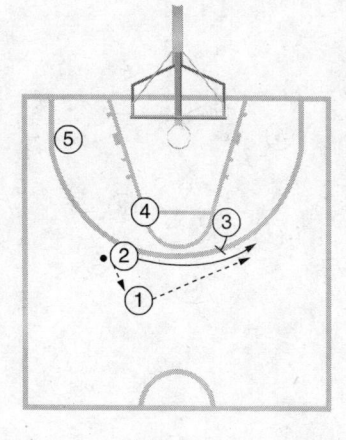

图 2-1-2

图 2-1-3

篮球经典战例解析

比赛进行到下半时第三节还剩 6 分 40 秒时，阿根廷队以 56:42 领先美国男篮，逐渐将双方分差拉大 14 分之多！这是一次没有吉诺比利在场情况下的进攻，与以往战术运用相同的地方是：阿根廷队的进攻依然十分流畅。如图 2-1-4~图 2-1-6，阿根廷队仍旧由桑切斯①在三分线外组织进攻，这一次由位于罚球线附近的诺西奥尼②借助斯科拉④的掩护插上到三分线的另一侧接桑切斯的传球。桑切斯①传球后，立即为斯科拉④做掩护使其可以上提到三分线外接诺西

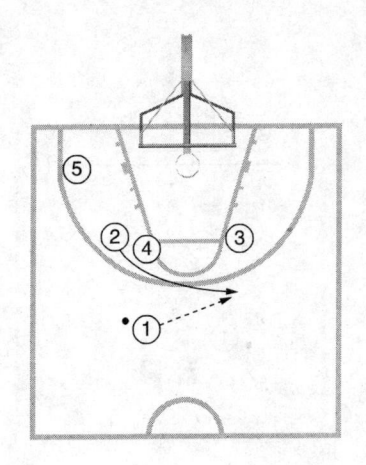

图 2-1-4

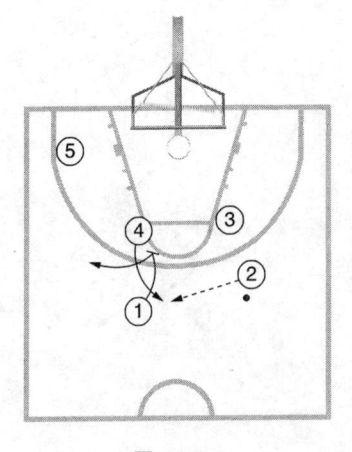

图 2-1-5

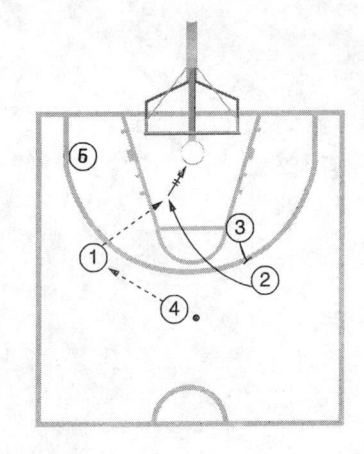

图 2-1-6

奥尼②的传球，斯科拉接到球后立刻传给刚刚做完掩护转身出来的桑切斯①，此时，在另一侧的诺西奥尼②刚好借助大前锋奥博托⑤的定位掩护切入限制区，桑切斯①将球传入内线，诺西奥尼②在被漏防的情况下直接上篮。虽然负责盯防诺西奥尼的邓肯随后追上将其投出的打板球拍出，但是由于球已处于下落阶段，两分有效！

　　反观美国队的配合则没有固定套路，多数以个人的突破过人或者突破后的传球为主，最精彩的一次空中接力发生在6分45秒，由马里昂接韦德的传球完成了美国队全场唯一的一次空中接力。这次进攻的落位形式如图2-1-7、图2-1-8所示，①~⑤依次为艾弗森、韦德、马里昂、奥多姆和布泽尔。艾弗森①将球传给韦德②，奥多姆从另一侧的限制区外切入要球，同时位于同一侧的布泽尔也向限制区内切入，这样就形成了限制区内相对拥挤的局面，同时将防守队员的注意力都吸引至强侧，由于阿根廷队的防守方式为2-3联防，因此处于弱侧的马里昂被漏防，利用自身的速度和弹跳，他从弱侧空切至限制区附近起跳，在空中接到韦德的传球将球扣入篮筐。

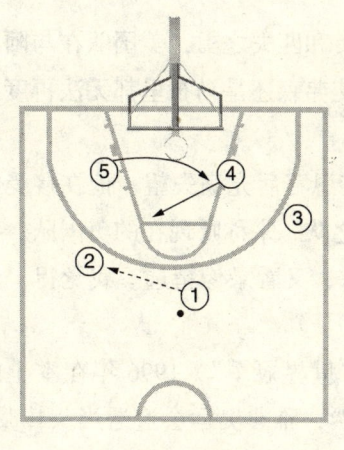

图 2-1-7　　　　　　　　图 2-1-8

三、点　评

阿根廷队从头至尾都打得非常认真，这是他们成功的关键。奥运金牌梦成空，"梦六"队员的内心当然无法像表面那样不在乎。在过去的68年奥运历史上，美国队总共只输过2场球，而这一届比赛"梦六"就输了3场，他们更成为了1992年国际篮联允许NBA球员参赛以来，第一支没有在奥运会上夺冠的美国男篮。"梦之队"的称呼，看来要成为历史了，胜利的是世界篮球，输掉的只是NBA。美国队被阿根廷队击败，宣告实现奥运会篮球比赛"四连冠"的梦想破灭。这个版本的"梦之队"仅有两周的集训时间，并且麻烦不断，在小组赛上被波多黎各和立陶宛击败。这场比赛美国队又始终处于挣扎状态，他们三分球的命中率仅为27%，也没有组织有效的反击。

美国队球员对国际篮联规则的不熟悉使邓肯、马里昂屡屡犯规。而阿根廷队在传球、投篮和防守上确实都比美国队要略胜一筹。他们交叉使用盯人和联防，使美国队无所适从。在下半场开始后由吉诺比利的三分带起的一波小高潮更是成为比赛的转折。尽管心有不甘的"梦六队"顽强抵抗，可是终场前邓肯的五犯下场让他们彻底失去了反败为胜的希望。

缺乏成熟的战术素养，只凭借自负和匹夫之勇，美国队在与阿根廷的半决赛中始终处于劣势，无论是艾弗森还是马布里都无法再度挽救球队。

亲自来雅典助阵的NBA总裁斯特恩赛后充满失望，他在接受媒体采访时一再强调："不要再用'梦之队'来称呼现在的美国队，我几天前看了1992年'梦之队'的录像，又看录像精选。我觉得'梦之队'是不可重复的。"

NBA一直把他们的总冠军称做"世界冠军"，1996年在本土的"梦幻"破灭还被许多人认为纯属偶然，雅典奥运会遭遇当头棒喝，才彻底撕下了那张带着蔑视神情的面具。

两年前,"梦五队"失利的一个原因是"缺少大牌球星",但这一次人们见到了邓肯,见到了艾弗森,你总不能说两位 MVP 领军的美国队还不够大牌？诚然,这支"梦之队"存在着种种显而易见的缺陷,比如他们没有出色的投手,他们没有给邓肯准备一名替补中锋,但是最重要的一点还是在于短短两周的集训根本无法让他们适应国际篮联的比赛规则。所以,真正让"梦之队"名声扫地的并非别人,而是美国篮球界自己！

12 年前"梦之队"诞生,恰恰也是缘于美国队在前一届奥运会上受阻。汉城奥运会的那支大学生队其实不缺名角,大卫·罗宾逊、里奇蒙德、马尔利都是日后 NBA 的风云人物,他们只是在半决赛中输给了苏联队而获得铜牌。但习惯了胜利的美国人实在咽不下这口气,这才催生了"梦一队"潇洒走了一回巴塞罗那。

当初"梦一队"天下无敌,在决赛中输球的克罗地亚队就曾发誓,20 年之内必定能够与 NBA 抗衡。如今克罗地亚队蜕为欧洲二流,但迅猛无比的 NBA 国际化潮流让欧美其他球队在 10 余年的时间内就代克罗地亚人实现了誓愿。能够在 NBA 占据舞台中央的国际球星从一位彼得洛维奇变成了诺维茨基、加索尔、吉诺比利,等等,常年代表国家队参赛又使他们总能融入球队的整体战术,这种默契又岂是散兵游勇般的美国人在两周之内所能达到的？

大敌当前,"梦之队"的选拔规则又进一步把美国人自己推向了尴尬境地。布朗在输给波多黎各后已经开始向美国篮协发难。不要以为这是老帅推委责任,因为他的言语不太受用却绝对正确:"别的球队就不会像我们这样总是抱怨某某球员没有机会上场,我们今后在组队时一定要慎之又慎,绝不能忽视的一件事情就是挑选称职的角色球员。"

这样的话当然是美国篮协所不能接受的,因为他们的组队方针历来都是集合一堆大腕,因为他们需要打造所谓的明星效应,哪怕这种一厢情愿随着越来越多球星的拒绝而愈发难堪。当然,有一点是必须承认的,当欧美诸强追赶的脚步越来越急时,无论何种形式的"梦之队"所拥有的优势都会一点点被蚕食掉。放下架子、平心静气地拼金牌或许是他们的唯一妙计。至于有些人所言重新派出大学生球员参加世界大赛，那简直无异于彻底自暴自弃。

谁还能指望NCAA有什么好角色扛起"梦之队"的大旗？

梦时代，始于1992，终于2004，篮坛战国，群雄并起。

绿色旋风席卷欧洲，卫冕冠军失意雅典

一、背景介绍

欧洲篮球冠军联赛是由欧洲的最强俱乐部组成，包括西班牙ACB、希腊HEBA、意大利LEGA的众豪强和其他各国联赛的冠军或亚军俱乐部组成，共24支球队。常规赛24支球队分成3组，组内之间主客场双循环，这样每支球队有14场比赛；常规赛之后进入Top16，由24支球队选出16支球队，分别是3个小组的前五名加上成绩最好的一个第六名，16支球队通过抽签分成4组，再次进行小组内的主客场双循环，然后根据积分，4个小组通过A1对B2、A2对B1、C1对D2、C2对D1进行3战2胜的对决，决出四强。同NBA不同的是，到四强之后，欧洲篮球冠军联赛不再通过多场比赛决出冠军，半决赛和决赛全部是单场淘汰制，这也增加了比赛的激烈性和残酷性。

莫斯科中央陆军队（CSKA Moscow）在2006年欧洲篮球冠军联赛决赛中击败了来自以色列的豪强特拉维夫马卡比精英队。他们拥有欧洲最佳后卫帕帕洛卡斯为首的、具有强烈集体篮球意识的篮球选手，其中也包括原杜克大学主力后卫朗敦。强大的阵容和出色的集体战术素养造就了称霸欧洲的"红军"。

帕纳辛纳科斯队（Panathnnaikos）是希腊乃至整个欧洲最成功的俱乐部之一。欧洲俱乐部区别于美国、亚洲俱乐部最显著的一个特点是多体育经营模式，也就是同一俱乐部旗下发展不同的体育项目，同时拥有多支不同体育项目的职业队,如大家比较熟悉的西班牙的巴塞罗那,皇家马德里等俱乐部都采用了这种模式。而帕纳辛纳科斯则是这种模式的俱乐部典范。帕纳辛纳科斯的篮球俱乐部成立于1922年,84年间他们共获得27次国内联赛冠军,9次希腊杯赛冠军,3次欧洲俱乐部冠军和1次洲际杯赛的冠军,与以色列马卡比同为仅有的两支获得过3次欧洲冠军的俱乐部。主场是2004年奥运会篮球比赛场馆OAKA Olympic Hall,可以容纳19000人,随着希腊在2005年欧锦赛夺冠后,篮球热潮在希腊国内不断升温,2006年主场对阵意大利贝纳通俱乐部时创造了20000人的欧洲篮球冠军联赛历史最高单场上座人数。2005—2006赛季帕纳辛纳科斯再续辉煌,包揽国内联赛、杯赛两个冠军,在欧洲冠军联赛中常规赛季和16强中也有不俗表现,不过在最后的四强中被西班牙塔乌俱乐部以一比二的总比分淘汰。2006—2007赛季经过阵容更新,为了填补上赛季球队两位核心球员拉科维奇和斯潘诺里斯离开后的空缺,球队从博洛尼亚引进了拉科维奇的国家队队友贝西诺维奇,活塞的老将托尼·德尔克也将来到雅典,此外还有帕纳辛纳科斯两年前就相中的希腊后卫新秀安塞奥帕罗斯,他们三人将和迪亚曼提斯组成帕纳辛纳科斯新赛季的后场。在锋线上2006年意大利联赛总决赛MVP立陶宛国手西斯科斯卡斯新赛季也会来到俱乐部,而顶替费莫林的则是立陶宛国家队主力中锋贾夫托卡斯。

可以说,这次是西班牙的两支球队在半决赛的全面溃败(莫斯科中央陆军62:50马拉加;帕纳辛纳科斯67:52塔乌)造就了这场伟大的比赛。即使有的职业评论家说,这是一场无趣味的肉搏战、罚球占得分的大多数、观赏性极差的比赛。但当帕纳辛纳科斯的主席举起他们第四座欧洲冠军的奖杯时,你将不再怀疑它的伟大。

二、赛前分析

帕纳辛纳科斯:他们在一年之后回到了最后的四强之中,并准备拿下他们的第四个欧洲冠军奖杯,而且可以在自己的主场——雅典奥林匹克体育馆（OAKA），进行最后四强的比赛，这是非常美妙的事情。在保持了他们强大的核心阵容：迪亚曼提蒂斯、阿尔维蒂斯、科斯塔斯、巴迪斯特、哈斯沃里塔斯和托马塞维奇的同时，绿军从其他球队中挖到了五名最顶尖的欧洲选手：贝西诺维奇、西斯科斯卡斯、迪卡奥蒂斯、贾夫托卡斯以及米里奥斯·万尼奇。他们有一个梦幻般的开局，这是他们在常规赛 11 连胜的开始。巴迪斯特当选 11 月份的 MVP，帕纳辛纳科斯也成功进入 16 强，并且获得小组第一，赢得了季后赛的主场优势。以 84:57 横扫土耳其的 Efes Pilsen 后，在接下来的一周 102:82 击败了巴塞罗那队展示了无可匹敌的统治力。贝西诺维奇在这五场胜利的比赛中有三场的得分居全队首位。绿军在八强战中完胜莫斯科迪纳摩队，第七次进入欧洲冠军联赛最后四强。西斯科斯卡斯在他腿伤刚刚痊愈后对莫斯科迪纳摩的两场比赛中平均拿到 17.5 分。板凳深度加上拥有一位像奥布拉多维奇这样的主教练，没有什么可以阻挡绿军征伐之路。

莫斯科中央陆军：如果说哪支球队在重写历史，那只能是卫冕冠军莫斯科中央陆军。在休赛期，他们的核心阵容没有任何人被交易出去，这包括欧洲最有价值球员帕帕洛卡斯以及赫尔登、安德森、斯摩蒂斯和朗敦，他们 2006 年在布拉格拿到了冠军奖杯。在大卫·范德普尔（曾经效力于 CBA 吉林东北虎队）受背伤困扰之后，特里斯和潘克拉舍甫加入球队。他们出色的具有侵略性的防守体系使之在整个赛季都鲜遭败绩。尽管如此，他们在 2006 年 11 月份也曾被 Pau-Orthez 击败。但很快他们就打起精神，拿下了余下的 11 场常规赛进入 16 强。在 78:58 击败巴塞罗那的比赛中，安德森拿到全场最高的 21 分，之后他们在主场完成了对 Pau-Orthez 的复仇（78:58）。在 16 强的比赛中他们在对 Partizan 的第二场比赛中只让对手得到 44 分，这是有史以来欧洲篮球冠军联赛第二低的得分。在希腊大胜奥林匹亚克斯队，莫斯科中央陆军确立了其在欧洲绝对的统治力。斯摩蒂斯以场均 19 分的突出表现成为 2007 年 2 月份的欧洲最有价值球员。八强赛第一场他们把特拉维夫马卡比精英队斩落马下（80:58）。不过在接下来的客场比赛中，莫斯科中央陆军 18 场欧洲冠军联赛的连胜纪录被终止。在第三场比赛，他们没让球迷失望，一场创纪录的进攻表演在莫斯科上演——半场 29 投 22 中得到 59 分，并最终获得胜利进入最后四强。莫斯科中央陆军仍然是 2007 年最大的夺冠热门。

从双方的阵容可以看出，两队的明星球员实力旗鼓相当。双方都具有极强个人得分能力和组织、防守能力，堪当中坚力量的球员。内线各有特点：一个走力量路线，靠身体硬吃能力超强；另一个攻守兼备，各个位置都可以投篮，令防守者无所适从。两队雄厚的板凳深度是欧洲公认的，队员实力十分均衡。这也是他们在国内联赛、欧洲联赛双线作战却丝毫没有疲态、节节胜利的原因。

三、实战解析

两支队伍都非常注重整体配合，每个人都很无私，主动把球交给最好位置上的同伴。一旦关键时刻需要有人站出来，做决定胜负的一投，他们也绝不缺乏这种冷血杀手。下面就是几个关键球战术打法的图解。

比赛还有 3 分 24 秒的时候，莫斯科中央陆军落后 8 分，朗敦②快速运球到前场，由于对方回防及时，他放弃了快速单打强攻的念头，将球回传给接应的帕帕洛卡斯①，而防守帕帕洛卡斯①的正是他在希腊国家队的队友迪亚曼提斯，对球施压非常及时。这时莫斯科中央陆军的队员④、⑤没有落到低位（因为速度较慢），都停在了弧顶，⑤及时上提为帕帕洛卡斯做了个假掩护并积极转身切入内线，帕帕洛卡斯运球突破到了 45°角，这时防守⑤的球员和防守④的球员注意力都集中在了内切的⑤身上，而④已经占据了三分弧顶的位置无人防守，帕帕洛卡斯跳起将球越过防守回传给队员④，这时防守队员已经鞭长莫及，斯摩蒂斯④从容出手三分球，空心入网，将比分差距缩进到只有 5 分。这个战术体现了欧洲内线球员的活动范围广、得分技术多样，以及抓住对方落位未稳、防守不明确的空当，发挥灵活多变的站位和战术，毫不手软地得到关键分数的能力（图 2-2-1、图 2-2-2）。

绿色旋风席卷欧洲，卫冕冠军失意雅典

　　比赛进行到1分33秒时，莫斯科中央陆军队又打出一个精彩的3分球战术配合。帕纳辛纳科斯队罚中莫斯科中央陆军队快速发球，帕帕洛卡斯①快速运过中场到左侧45°角，朗敦②已经快速落位到底角的位置，⑤下插到低位为朗敦②做掩护，②利用掩护溜底线。与此同时队员④向中路斜插给朗敦②做第二个掩护，③则与之交叉跑位横穿过罚球区，朗敦②利用两个大个子的掩护，轻松地在他擅长的45°角接到了帕帕洛卡斯①在中路的传球，虽然补防队员扑了上来，他做了一个斜插步后果断出手，命中3分（图2-2-3、图2-2-4）。

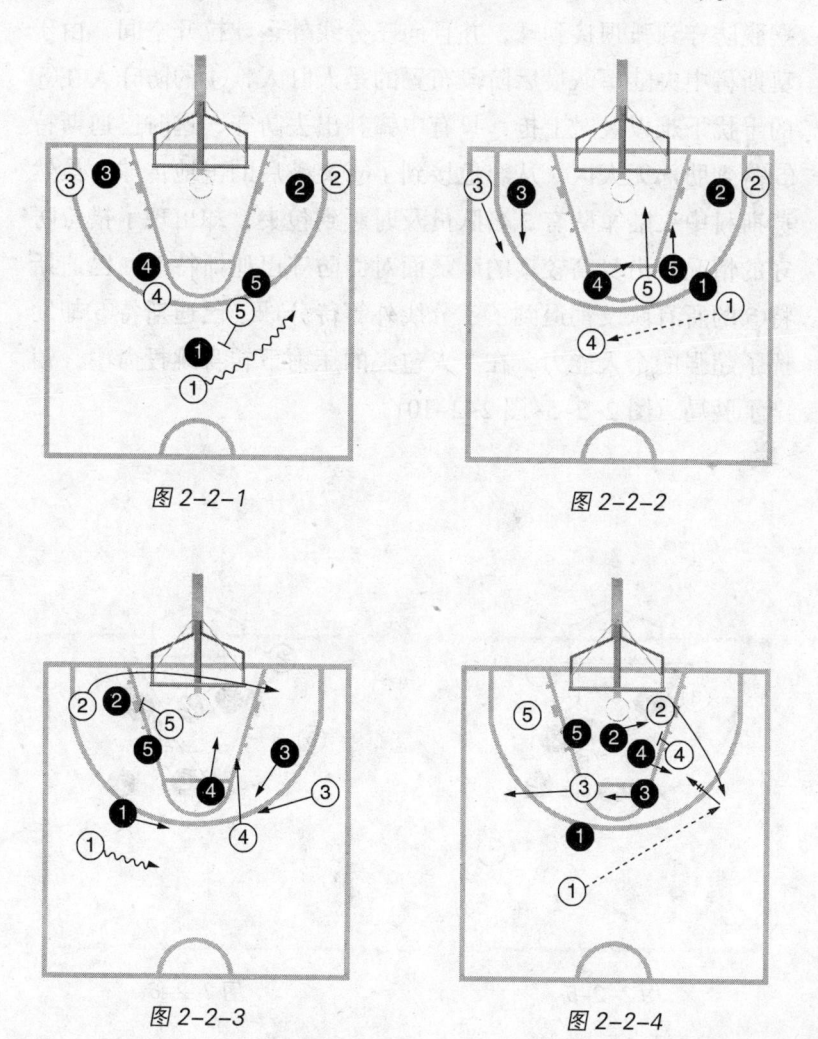

图 2-2-1

图 2-2-2

图 2-2-3

图 2-2-4

111

篮球经典战例解析

在莫斯科中央陆军队连续命中 3 分球之后，帕纳辛纳科斯队仍然领先 2 分。帕纳辛纳科斯队的主教练果断地叫了一次暂停，之后全场比赛最关键的一次配合出现了，时间还有 33 秒，帕纳辛纳科斯队中场发球。通过巴迪斯特⑤的策应，迪亚曼提蒂斯得到球并向左侧半场运球。这里④起到了关键的作用，首先他同时挡住了两名防守队员，使②溜到了弱侧底角，在②的防守人穿过掩护的同时，⑤趁混乱又给④做了一次下掩护使之摆脱防守到弧顶接到球，并且向三分线外运球拉开空间，由于莫斯科中央陆军队最后阶段布置的是人盯人，④的防守人在⑤的干扰下难以及时上抢，只有中锋补出去防守，这时巴迪斯特⑤落到肋部无人区，从容地接到了④突破后的击地传球，虽然莫斯科中央陆军队有 3 名队员及时赶到包夹，却出现了错位防守的情况，由身高较矮的队员面对面防守巴迪斯特⑤，巴迪斯特⑤的所有队友都退到了三分线外等待分球，巴迪斯特⑤却发挥了超强的个人能力，在 3 人包夹的压力下转身跳投命中，锁定了胜局（图 2-2-5~图 2-2-10）。

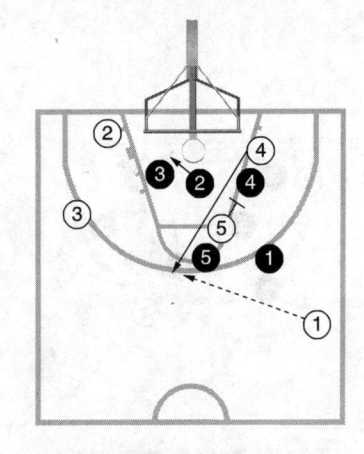

图 2-2-5

图 2-2-6

图 2-2-7

图 2-2-8

图 2-2-9

图 2-2-10

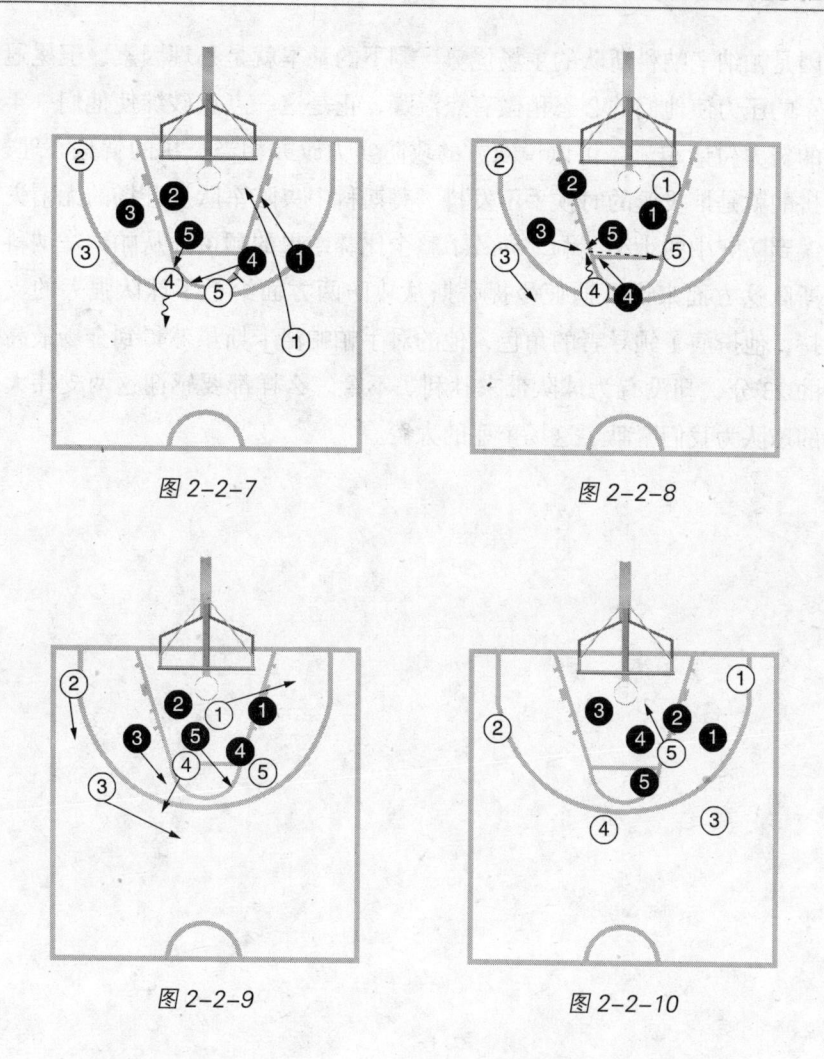

四、点　评

　　这场代表欧洲篮球最高水平的比赛用惨烈来形容一点也不过分，身体接触、攻击性的防守……一共 64 次罚球让人感觉比赛中断太频繁，不像常规赛那么具有观赏性，但还是那句话，细节决定成败，即使在如此强的压力和对抗下，还是有一方会抓住对方的弱点将其击溃。莫斯科中央陆军队在比赛的大部分时间处于落后状态，一方面原因是帕纳辛纳科斯队的主场优势。剩下的基本就是心理因素，卫冕冠军的压力使他们的心态稍微有点浮躁，正是这一点点破绽使他们一年的努力付诸东流。可以说双方的攻防实力旗鼓相当，拼的就是心理，拼的就是谁投篮的时候手不发抖。莫斯科中央陆军队从开场的无谓失误到防守中的小小漏洞，导致了整个比赛结果的颠覆。从帕纳辛纳科斯队这方面来讲，迪亚曼提蒂斯从攻防两方面给予了球队强大的支持，他扮演了领导者的角色，他的对手帕帕洛卡斯虽然得到全场最高的23分，却没有为球队带来胜利。不管怎么样都要感谢这两支伟大的球队为我们奉献了这场丰盛的大餐。

小球队打大仗，希腊上演神话战胜梦七队

一、球队成绩比较

美国队：在 15 届世锦赛中，3 次冠军，3 次亚军，4 次季军，最差成绩第六名。随着 NBA 在世界的推广和选拔全世界的优秀篮球运动员加入 NBA，美国在世界篮坛的霸主地位受到了强有力的挑战，阿根廷、塞黑等国家都曾战胜过"梦之队"。

2001 年 10 月 5 日入选美国奈·史密斯篮球名人堂的"K 教练"曾经率领杜克大学 10 次闯入 NCAA 决赛，3 次获得全国冠军（1991、1992 和 2001）。他也是自 1992 年国际篮联允许 NBA 职业球员参加奥运会和世锦赛以来首位执教美国男篮的大学教练。

"梦七队"主教练 迈克·沙舍夫斯基

篮球经典战例解析

2006男篮世锦赛美国队全家福

希腊队：希腊队在15届世锦赛中，4次闯入前六名。作为2005年欧锦赛的冠军，从来不依靠球星打球，提倡整体作战。教练员费心打造的铜墙铁壁式防守在欧锦赛上没让任何一支球队得分过70。由

2006世锦赛希腊队全家福

于人员没有变化,让希腊的备战准备十分充足。除了第一中锋之外,其他4人至少能打2个位置,因此机动性十分强。

二、背景资料介绍

2006年9月1日,第15届世界男篮锦标赛半决赛希腊与美国的比赛在日本东京举行,美国男篮被媒体称为"梦七队",由于2002年在美国本土举行的第14届男篮锦标赛上被称为"梦五队"的美国男篮只获得了第六名的成绩,2004年"梦六队"在雅典奥运会又无缘决赛,只拿到铜牌,受到美国媒体和民众的指责。所以,作为世界篮球强国的美国,其国家篮球协会在"梦七队"的选拔和组建上,无论是运动员,还是教练员,可以说是慎之又慎,并且,史无前例地成立了国家男篮集训队,12名正式队员是通过严格的选拔从集训队员中挑选的。

美国和希腊是两个不同风格和流派的两支队伍,也是美洲打法和欧洲打法的代表。美国队群星闪烁,是以高超的个人能力和良好的身体素质为代表的"单打独斗"打法;而希腊队强调的是团体作战,并且技、战术打法实用简单。美国队不仅希望证明自己仍然是世界一流的篮球强国,并且希望雪耻第14届世锦赛本土作战的第六名;而希腊男篮在2005年横扫欧洲,称霸一方,也希望在世锦赛上证明希腊男篮的实力,不仅能称霸欧洲,而且在世界篮坛上也是一枝独秀。

三、经典进球

战术回放1——詹姆斯单刀赴会

离比赛结束还有4分10秒,场上比分88:79,希腊队暂时领先,此时美国队场上队员有乔·约翰逊❹,辛里奇❺,韦德❻,詹姆斯❾,安东尼⓯;希腊队场上队员有帕帕洛卡斯❹,斯克塞尼提斯❺,斯潘诺里斯❼,迪安曼蒂迪斯⓭,卡基欧基斯⓯。

此时,美国队后卫辛里奇❺控制球,从中路向右路推进,在右侧

45°角附近利用运球掩护传球给韦德⑥，随后运球向弧顶移动（图2-3-1），安东尼⑮给韦德⑥掩护，韦德传球给詹姆斯⑨，由于希腊队员⑪看到詹姆斯接球后，为协防其突破，便向詹姆斯一侧移动，詹姆斯⑨看到无人防守的乔·约翰逊④（图2-3-2），及时传球给辛里奇（图2-3-3），乔·约翰逊④利用假动作向篮下突破，遇到夹击后分球给三分线外的詹姆斯⑨（图2-3-4），韦德⑥纵切把中路拉开（图2-3-5），詹姆斯⑨中路运球突破上篮得分（图2-3-6）。

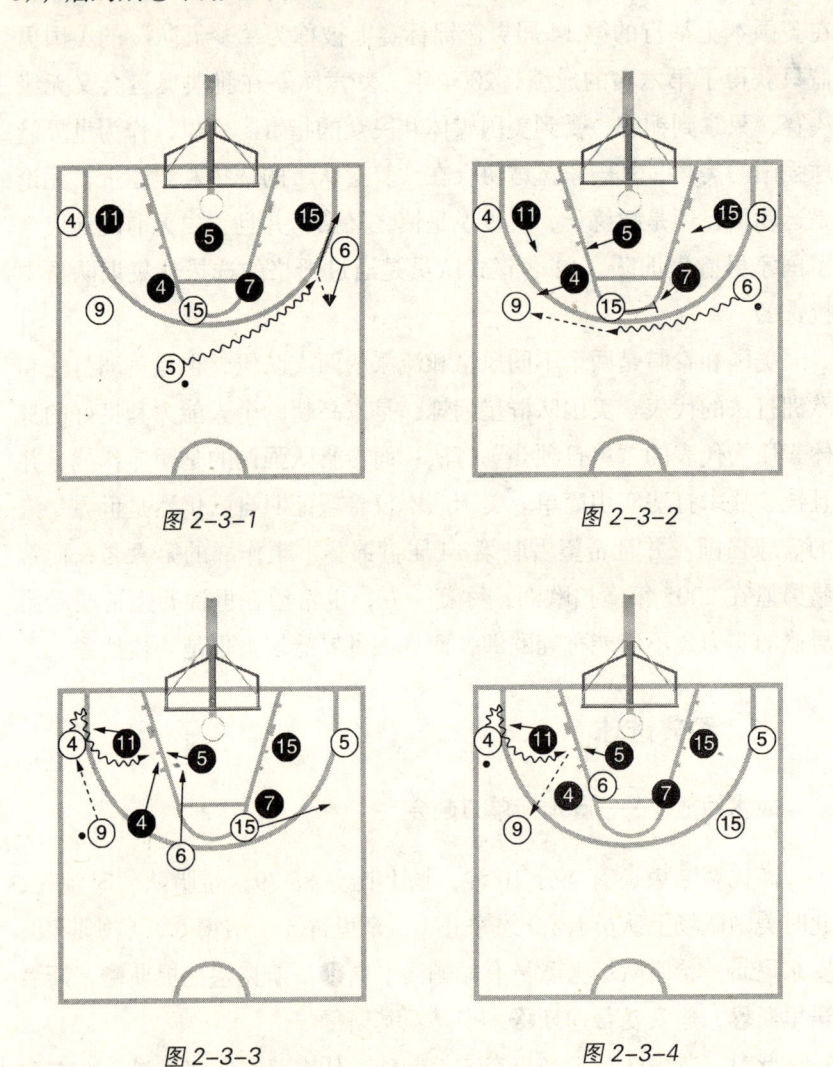

图 2-3-1

图 2-3-2

图 2-3-3

图 2-3-4

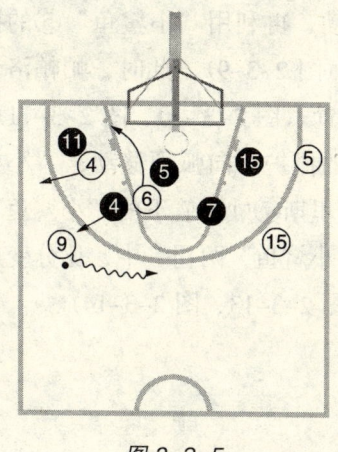

图 2-3-5 　　　　　　　　　　　图 2-3-6

战术回放 2——得心应手

离比赛结束还有 3 分 48 秒，比分为 88:81，希腊队仍然领先。此时希腊队后卫斯潘诺里斯⑦控制球，中锋"小鲨鱼"斯克塞尼提斯⑤在三分线外接斯潘诺里斯的传球（图 2-3-7），随后，斯潘诺里斯向右侧空切，帕帕洛卡斯④也向右侧移动，同时，"小鲨鱼"⑤传球给从篮下溜出的卡基欧基斯⑮（图 2-3-8），这时，斯潘诺里斯⑦利用

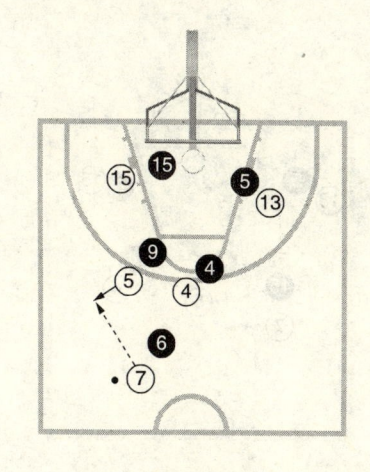

图 2-3-7 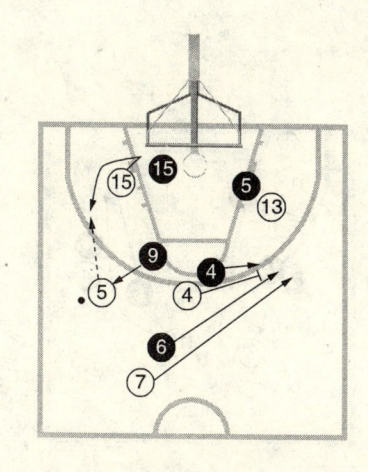　　　　　　　　　　　图 2-3-8

119

帕帕洛卡斯④的掩护沿弧顶向右侧移动，再利用"小鲨鱼"⑤的掩护，接运球上提卡基欧基斯⑮的传球（图2-3-9），此时，帕帕洛卡斯④和卡基欧基斯⑮相继拉开弧顶位置（图2-3-10、图2-3-11），斯潘诺里斯⑦运球利用"小鲨鱼"⑤的掩护，向弧顶移动，"小鲨鱼"然后强行挤到篮下，弧顶的斯潘诺里斯⑦妙传篮下的"小鲨鱼"，造成詹姆斯被迫采取犯规战术，结果"小鲨鱼"两罚一中，比分变成89:81，希腊队领先8分（图2-3-12、图2-3-13、图2-3-14）。

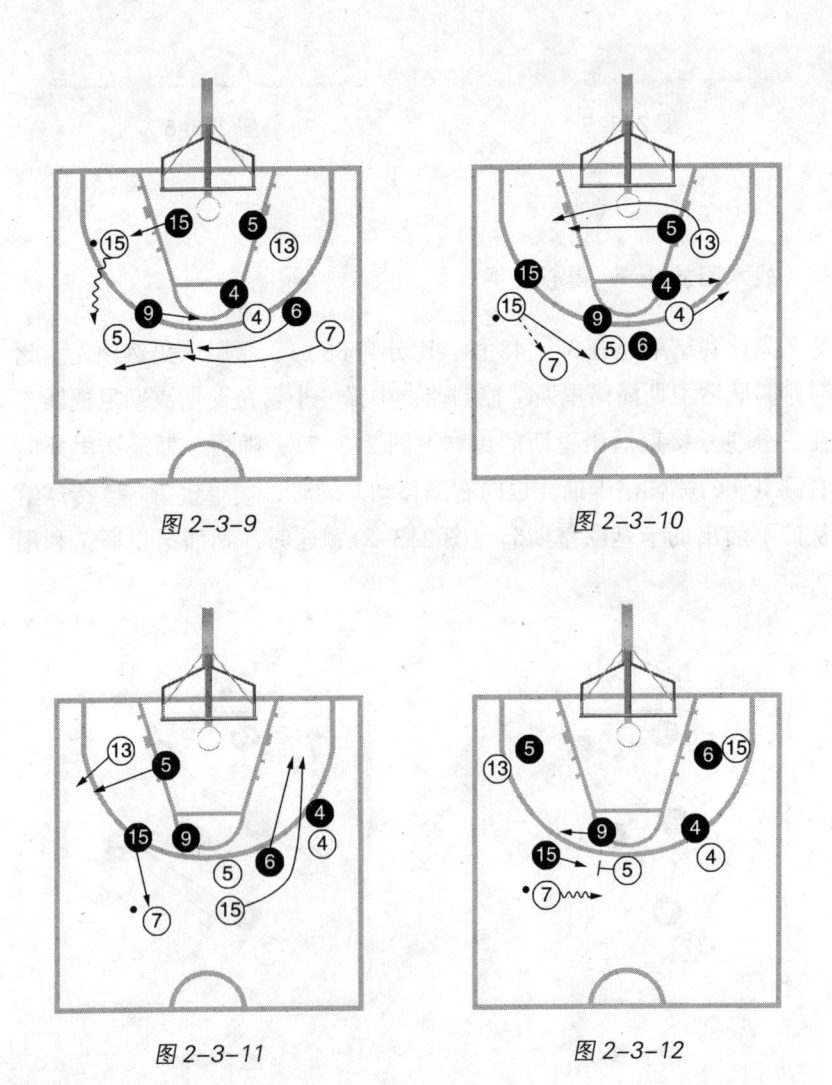

图2-3-9

图2-3-10

图2-3-11

图2-3-12

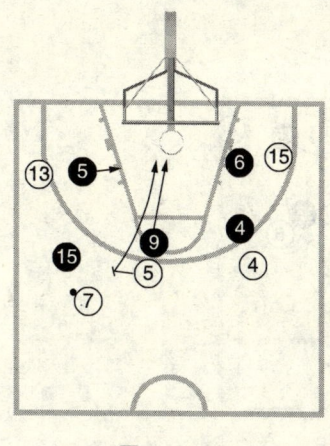

图 2-3-13 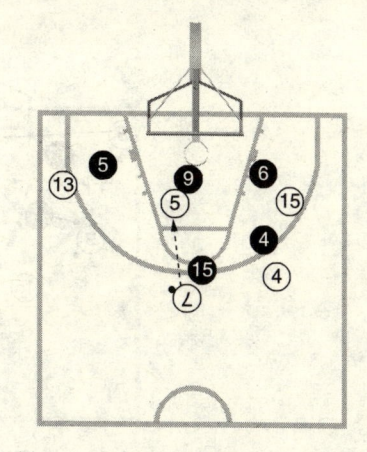　　　　　　　　　图 2-3-14

战术回放 3——再现生机

距比赛结束还有 2 分 45 秒，比分 91:83，希腊队暂时领先。

美国队韦德⑥控制球，在右侧 45°角做连续的运球变向，伴装突破吸引希腊队注意力（图 2-3-15），突然横传球给左侧 45°的詹姆斯⑨（图 2-3-16），詹姆斯接球的瞬间，希腊队❹迅速上来紧逼，希腊队❸也上提协防，但詹姆斯⑨马上传球给辛里奇⑤，由于防守队员❸距离较远，辛里奇⑤从容三分投篮命中（图 2-3-17）。比分变成 91:86，希腊队领先 5 分。

图 2-3-15 　　　　　　　　　图 2-3-16

图 2-3-17

战术回放 4——以大打小

离比赛结束还有 2 分 17 秒，比分 91:86，希腊队领先 5 分。

斯潘诺里斯⑦在左侧中线附近连续变向运球没有突破乔·约翰逊❹的防守，希腊"小鲨鱼"⑤上提掩护（图 2-3-18），斯潘诺里斯⑦沿中路运球突破，而后"小鲨鱼"⑤迅速跟进，而处于低位的同伴帕帕洛卡斯❹上提拉出三分线（图 2-3-19），由于斯潘诺里斯⑦突破到篮下，防守帕帕洛卡斯❺的美国队辛里奇⑤回缩篮下协防（图 2-3-20），

图 2-3-18    图 2-3-19

122

斯潘诺里斯马上分球给左侧三分线外的帕帕洛卡斯④（图 2-3-21），此时美国队安东尼⑮马上换防希腊帕帕洛卡斯④，而挤进篮下的希腊中锋"小鲨鱼"⑤则由辛里奇❺防守，造成以大打小，帕帕洛卡斯④及时传球给篮下的"小鲨鱼"⑤（图 2-3-22），辛里奇❺见"小鲨鱼"接球准备扣篮，便马上采取犯规战术，结果被判故意犯规，两罚一掷，但"小鲨鱼"两罚不中。

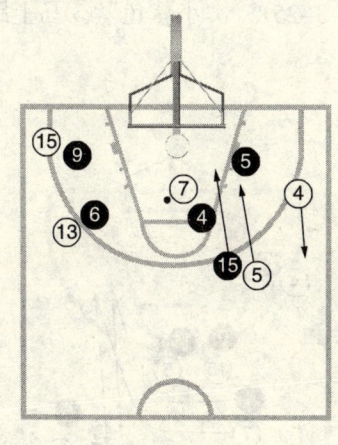

图 2-3-20

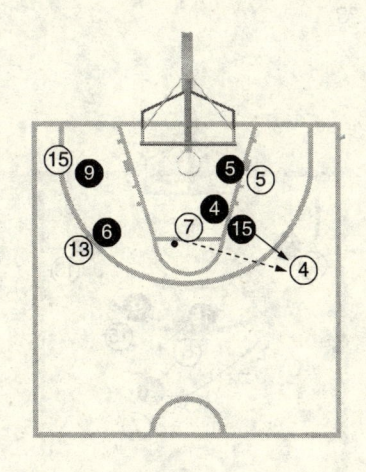

图 2-3-21

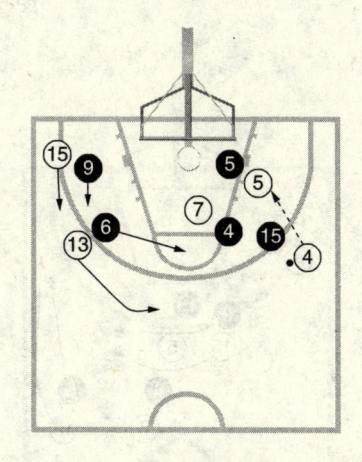

图 2-3-22

战术回放 5——百步穿杨

离比赛结束还有 2 分 3 秒，比分 91:86，希腊队领先。

希腊队迪安曼蒂迪斯⑬左侧中线附近控球，斯潘诺里斯⑦从左侧绕弧顶向左侧篮下纵切，然后迅速上提接迪安曼蒂迪斯⑬的传球（图 2-3-23），卡基欧基斯⑮和迪安曼蒂迪斯⑬马上拉开弧顶（图 2-3-24），中锋"小鲨鱼"⑤上提掩护，斯潘诺里斯⑦利用掩护运球向右侧三分线突破（图 2-3-25），"小鲨鱼"⑤马上跟进左侧三分线继续

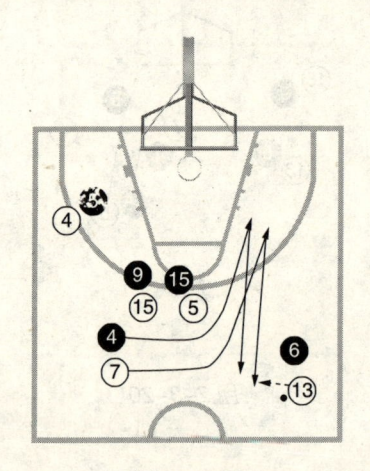

图 2-3-23

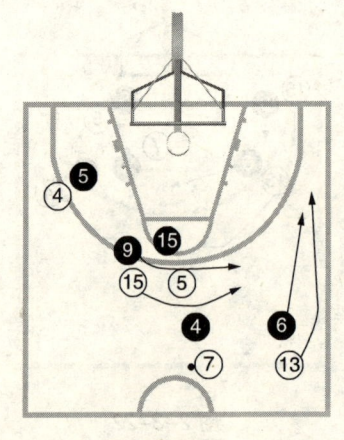

图 2-3-24

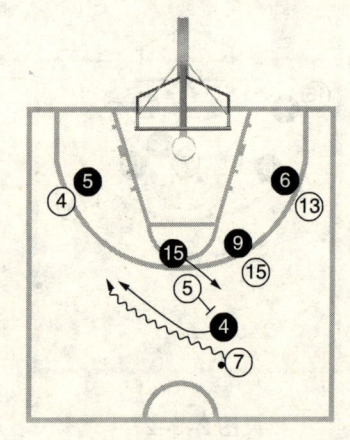

图 2-3-25

掩护，斯潘诺里斯⑦再次利用"小鲨鱼"⑤的掩护变向运球至弧顶（图 2-3-26），由于防守的安东尼和乔·约翰逊没有及时换防和挤过防守，斯潘诺里斯⑦三分线外投球命中（图 2-3-27），比分变成 94:86，希腊队领先 8 分。

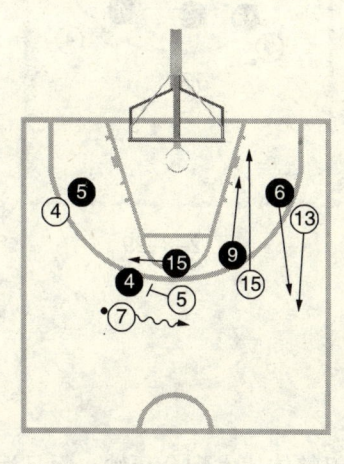

图 2-3-26

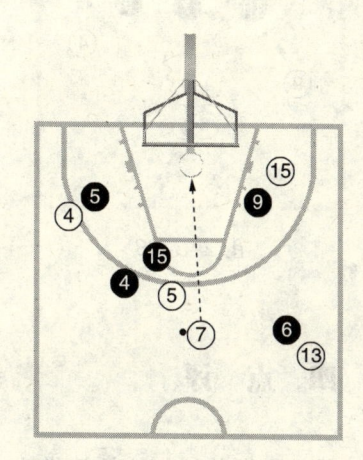

图 2-3-27

战术回放 6——再现生机

离比赛结束还有 38 秒，比分 95:88，希腊队领先 7 分。

美国队韦德⑥从后场运球向前场快速推进，希腊队认为韦德可能运球突破或者投三分球，所以，采用了 3-2 联防（图 2-3-28），韦德⑥马上传球给左侧的詹姆斯⑨，詹姆斯又迅速传球给左侧底角的辛里奇⑤（图 2-3-29），由于希腊中锋"小鲨鱼"靠近篮下，所以，辛里奇不负众望三分命中，使比分变成了 95:91。几乎绝望的美国队又仿佛看到了生还的希望。

但在剩下的几十秒里，希腊队的每次控球，美国队都采取犯规战术，但希腊队精准的罚球让美国队回天乏术，最终输掉了比赛，无缘决赛。

篮球经典战例解析

图 2-3-28

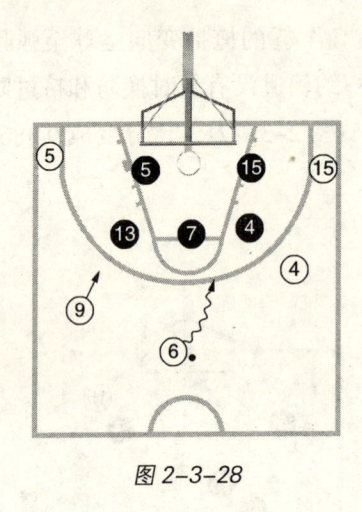

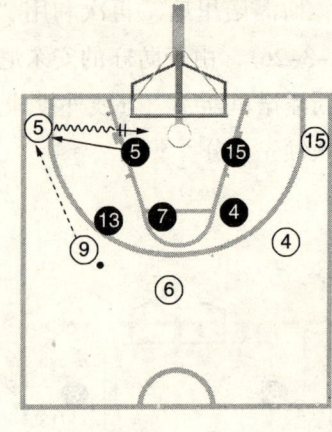

图 2-3-29

四、点 评

　　具有欧洲传统打法的希腊队，不仅整体战术配合巧妙，而且运动员的个人技术细腻、全面。希腊队迪安曼蒂迪斯⑬、斯潘诺里斯⑦、卡基欧基斯⑮、中锋"小鲨鱼"⑤、帕帕洛卡斯④等队员在场上的出色表现，给我们留下了深刻的印象，除了中锋"小鲨鱼"外，其他队员都至少能打两个位置，当然，只有全面的个人技术、良好的战术素养，才能保证运动员在场上的"位置模糊"，并且，运动员的"位置模糊"并非十分困难，关键是在"位置模糊"的情况下能打出漂亮的战术配合，并保持很高的命中率。只要出现机会，队员都能把握住，这是非常宝贵的。精妙绝伦的隐蔽传球给观众留下了深刻的印象：队员⑪给帕帕洛卡斯④掩护后纵切篮下，身高2米的帕帕洛卡斯以一次十分诡秘的妙传篮下，⑪轻松上篮得分。

　　两队在本场比赛中二分球的投篮次数同为38次，但希腊队的命中率是71%，而美国队仅为63.2%；希腊队三分球出手次数是18次，美国队是28次，但前者的命中率为44%，而后者为32%；两队的罚球次数相当（33次和34次），但希腊队的命中率69%，而美国队为58%。最终，希腊队以101:95战胜了梦七队。当然，美国队相对较低

126

的投篮命中率是导致失败的直接原因,但除了美国队在本场比赛中竞技状态低迷的可能性外,其更主要的原因应该是希腊队对美国队的顽强、压迫式的防守造成的,而且,在进攻方面,美国队也没有对希腊队产生有效的遏制。

比赛结束之后,正像"K教练"所说:"这场比赛,我们输给了一支强大的球队。"美国队的巴蒂尔对于希腊队的表现心服口服,他表示:"希腊队打得就像一支冠军球队一样。"作为"梦七队"的队长之一,安东尼曾经如此豪言:"任何一场比赛的失利对于我们来说都是一种震惊。我们来的时候就是带着必胜的信念来夺取金牌的。"而希腊队能够击败美国队也让欧洲新科状元希腊队球员兴奋不已,欧洲最佳球员帕帕洛卡斯表示:"我们伟大的选手打了一场伟大的比赛。我认为今天我们打得非常出色。"希腊队的斯潘诺里斯拿到了22分,而"小鲨鱼"斯克塞尼提斯也拿到了14分。希腊队的主教练扬纳基斯表示:"篮球并不仅仅是过人和投篮,你需要从板凳上站起来,有着清醒的头脑,并能打出自己最好的水平,这是我们今天做到的事情。"

在总结美国队失利的原因时,球员也在自责,他们没有针对希腊队的打法直接作出调整。中锋波什表示:"我们没有作出正确的调整,他们的进攻套路一直都一样,我们让比赛对他们而言变得容易了。"

在这场两支保持不败的球队交锋中,希腊队在第二节最多落后12分的情况下逆转以101:95击败美国队。比赛结束后,美国队主帅迈克·沙舍夫斯基表示,"很明显,希腊队的球员和教练们今天表现得非常好,这并不让人意外,我早就听说过希腊队主帅扬纳基斯,他的球队表现得就和他本人一样,我们知道他们满怀信心并且配合默契。我的球员们也发挥了很高的水平,我们输给了一支表现更出色的球队,我要为球队的失利负责。因为球员们表现得非常努力,他们一直在用心去与对手抗衡。就像我说的,这场失利让我们看到了自己的差距,我要感谢对手,希腊队应该得到这场胜利。"

由于这一届美国队的所有人都有三年的义务效力期,所以接下来的两年迈克·沙舍夫斯基要为北京奥运会做准备。对于将做何准备，"K教练"说："这是重建计划的开始，希腊队主帅扬纳基斯说得很对，他的球队也曾经历过从年轻到成熟的过程。我们知道这会是一个漫长的过程，我们必须要学习如何在国际大赛中表现得更好，如何像一支球队那样去打球。我们在一起配合了很长时间，球员们彼此默契了许多。我们拥有很多出色的球员，他们在为一个目标而努力着，可是我们还需要更多的磨合时间，希望在之后的时间里我们能够解决这些问题，这才是我们能够取得成功的最本质问题。"美国队在第二节曾经以33:21领先12分，可是之后希腊队开始了反击，对此"K教练"说："我们清楚他们不是一支会轻易放弃的球队，在前两节我们都早早地陷入犯规麻烦，并且几度在对方投3分时犯规，像这种情况一来一去就是9分球的差距。我们的防守表现相当不错，可是他们的帕帕洛卡斯在上半场非常出色，斯潘诺里斯和卡基欧基斯则在下半场有很精彩的表现，他们都投中了关键的压哨球。他们的进攻击败了我们的防守，我要为此承担责任。球员们非常努力，但是球队输了球，不过作为主帅应该为失利承担比其他人更多的责任。"

希腊队在击败美国队的比赛中内线一共得到50分，这是否是比赛胜负的关键呢？迈克·沙舍夫斯基谈了自己的看法，他说："他们的传球很有威胁，帕帕洛卡斯在上半场打得很聪明，他的表现证明了为什么自己是最顶尖的球员。在比赛中我找不到什么办法去遏制对手的进攻，我们是被一支表现出色的球队击败的，他们应该赢得胜利，他们也赢得了人们的尊敬。"

作为杜克大学最成功的主帅，沙舍夫斯基在比赛中做出一个出乎所有人意料的选择，他让上半场表现出色的替补中锋霍华德下半场大部分时间内都坐在替补席上。霍华德在有限的出场时间里得到8分和6个篮板球。"我希望出场，我希望帮助球队取胜，"霍华德说道，"希腊队的球员们表现得非常努力，如果他们觉得自己会遭遇失利，他们就会在整个比赛中都表现得非常卖力，球迷们也很支持他们，最终他们赢得了胜利。"

斯克塞尼提斯给美国队球员制造了不少麻烦，对于这位对手，霍华德说:"利用挡拆配合他得到了很多进攻机会,下半场他们不断采取同一战术,而他每次都能得到进攻机会。"当问到美国队为何不采取全场紧逼战术时,霍华德回答说:"我不知道为什么,我觉得我们本可以给对手施加更大的压力。现在我们做什么都已经没有意义,我们可以去谈论这些,可他们已经赢得胜利,他们还有争夺冠军的机会。"

希腊队在比赛开始阶段一直落后,但在第二和第三节打得漂亮,得46分,失20分,将场上的比分改写为67:53。这样,他们不仅比分领先,而且将比赛的主动权掌握在自己手中。面对抢断最凶狠的美国队,希腊队只有12次失误,仅被断了4个球,遏制住美国队的杀手锏。

后卫斯潘诺里斯得到希腊队最多的22分,率领球队在第四节成功地遏制住美国队的反扑。中锋卡基欧基斯贡献15分和6个篮板球,唯一的黑人球员斯克塞尼提斯得到14分。组织后卫帕帕洛卡斯的12次助攻是希腊队获胜的关键,他还有8分和5个篮板球入账。

美国队在第一节大部分时间里领先,第二节曾获得了33:21的优势。当人们都以为比赛将按照美国人的节奏进行,比分差距将越来越大的时候,希腊队利用美国队几次进攻不果的机会,连续得分,将比分追至30:33。

中锋霍华德艰难地为美国队得到3分,36:30。这时,希腊队换上了有"小奥尼尔"美誉的斯克塞尼提斯,与帕帕洛卡斯④多次在美国队防区默契配合。斯克塞尼提斯一个人在上半场快结束前得到8分,带领希腊队又打出13:2的小高潮。上半场结束时,希腊队以45:41反超。

急于追回比分的美国队在下半场狂攻内线,多次造成希腊队犯规,但美国人的罚球命中率太低,全场34投只有20中。尽管主力队员多次犯规被放到板凳上,但希腊队的替补打得非常漂亮。以恩提库迪斯⑪为首的希腊队将美国队一次次的进攻压回去,领先优势扩大到10分。斯潘诺里斯在第三节结束时的一个上篮,让希腊队以77:65领先进入关键的第四节。

孤注一掷的美国队将重任都放到核心球星身上，韦德和詹姆斯这一节各得到10分。但斯潘诺里斯和卡基欧基斯两人将希腊队的进攻继续坚持下去，尤其是最后不到1分钟时间里，希腊队队员8次罚球仅失误1次。

安东尼得到美国队的最高分——27分，韦德和詹姆斯分别贡献了19分和17分。

希腊队主教练扬纳基斯说："美国队最重要的获胜法宝就是对方多失误，我们今天是所有球队中失误最少的一支，所以我们赢了。这支美国队比前两届世界大赛中的美国队更像一支球队，更重视国际比赛，因此能击败这样一支美国队意义就更加重大。"

两强相遇勇者胜，
世锦赛成就斗牛士风采

一、背景介绍

两球队的历史成绩：阿根廷男篮在15次世锦赛中，7次闯进八强，其中一次冠军，一次亚军。西班牙男篮则6次闯进前五名，一次冠军。

阿根廷男篮在世锦赛上的历史非常辉煌，早在1950年第1届世锦赛上，他们就勇夺冠军。此后的4届世锦赛，阿根廷3次打入前十名，但是成绩始终无法更进一步。直到21世纪初，吉诺比利出现后，阿根廷队重新走上了世界篮球的巅峰，他们在2002年世锦赛决赛中惜败于塞黑，获得了亚军。两年之后，吉诺比利率领阿根廷队力压美国、立陶宛等对手，在雅典奥运会上完成了夺冠。2006年日本世锦赛，阿根廷队阵容中12人有10人是雅典奥运会夺冠的旧臣，他们仍然志在夺冠。

西班牙队曾8次参加世锦赛，但最好名次仅为1982年哥伦比亚世锦赛获得的第四名。2005年9月在欧洲篮球锦标赛中他们的表现并不好，曾经以68:98惨败给帕克领军的法国队30分，最终只获得第四名，所以开赛前西班牙球迷并不敢奢望他们能击败美国和希腊夺取世界冠军。不过西班牙篮球协会却对这届国家队抱有很大期望，他们认为加索尔、纳瓦罗、卡尔德隆与贾巴约萨这四员猛将足以让他们夺取冠军。"没有哪支国家队比我们的配合更加默契，我们只需要一些运气，就可以赢得世锦赛上与强队的比赛，现在到了这支国家队取得佳绩的时候了。"西班牙篮球协会主席桑斯在世锦赛开赛前说。没想到他的预言果真变成了现实。

两队巨星大PK

姓名：加索尔　位置：前锋　出生日期：1980年7月6日

身高：2.13米　体重：108.9公斤

国籍：西班牙

效力于NBA孟菲斯灰熊队的保罗·加索尔，2006—2007赛季场均20.8分，9.8个篮板球，3.4次助攻。

荣誉与辉煌：

2002年NBA最佳新秀。

姓名：吉诺比利　位置：后卫　出生日期：1977年7月28日

身高：1.98米　体重：95.3公斤

国籍：阿根廷

效力于NBA圣安东尼奥马刺队，在2006—2007赛季，场均16.7

两强相遇勇者胜，世锦赛成就斗牛士风采

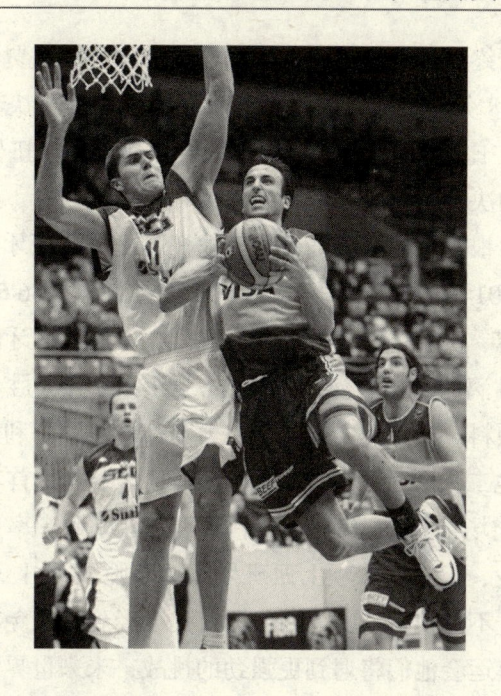

分，5.5个篮板球，3.7次助攻。

荣誉与辉煌：

2002—2003赛季助马刺队夺得NBA总冠军。

2004—2005赛季作为主力后卫助马刺队夺得NBA总冠军。

2004年雅典奥运会作为队长率领阿根廷队夺得奥运会金牌，被评为2004年雅典奥运会男篮MVP。

2005年被选入全明星赛替补阵容，首次入选全明星赛。

2006—2007赛季作为主力后卫助马刺队卫冕NBA总冠军。

西班牙男篮2006年日本世锦赛九场比赛给中国球迷乃至世界球迷均留下了深刻的印象，无论是小组赛的五连胜还是淘汰赛的四连胜，西班牙人都赢得干净利落，没有一场比赛是拖泥带水侥幸取胜。

从世锦赛开赛前47分横扫中国男篮，到新加坡87:66大胜奥运冠军阿根廷，取得了热身赛九连胜，再到2006年世锦赛开赛以后的小组赛五连胜和淘汰赛四连胜，西班牙队一路走来非常顺利。唯一遇到的麻烦就是半决赛与阿根廷队的比赛，经验老到的2004年奥运会冠军阿根廷队曾一度试图挑起事端乱中取胜，下半场两队险些发生肢体冲突，但始终保持冷静的西班牙球员并没有中计，贾巴约萨与加索尔联手贡献38分帮助球队最终保住1分的优势挺进决赛，唯一遗憾的是加索尔在比赛最后2分钟一次底线附近转身时扭伤了自己的左脚，痛失参加决赛的机会。

除了与阿根廷队的半决赛外，其他8场比赛西班牙人赢得都比较轻松。其中101:57狂扫巴拿马、104:55羞辱日本、86:67大胜昔日欧洲豪门立陶宛、决赛中70:47横扫希腊，堪称是西班牙队在本届世锦赛中最酣畅淋漓的四场表演。尤其是决赛中23分大胜希腊，完全出乎了人们的预料。一方面要归功于主力前锋贾巴约萨和后卫纳瓦罗的神勇发挥，他二人联手贡献40分堪称西班牙夺冠的首功之臣；另一方面希腊队全场仅24%（21投5中）的三分球命中率也成就了"斗牛士"的霸业，仅在这一项上西班牙队就净胜21分！获得冠军完全在情理之中。不过现在就断言西班牙时代已经到来未免有些唐突，两年后的北京奥运会他们将遇到更强劲的挑战，未来世界篮坛必将呈现群雄逐鹿的精彩场面，届时是三分天下还是一统大业，就要看西班牙人在2008年的造化了。

二、比赛进程

这场半决赛是西班牙男篮在本届世锦赛上遇到最强烈的阻击，此前的所有比赛都是狂扫各路劲旅，但在对阿根廷的比赛中，西班牙曾经在开局以2:13、7:18落后于阿根廷队，在第一节结束时才将比分逐步缩小为15:21，但仍然落后于阿根廷队。在第二节进行到4分42秒时，西班牙男篮第一次尝到领先阿根廷的滋味，31:30反超1分。两队曾经连续打成36、38、40、42平。比分始终咬得很紧，交替上升。

离第三节比赛结束还有32秒，场上比分60:56，西班牙队暂时领先4分。当然双方都希望在第三节结束时有一个良好的结局，为第四节的比赛奠定基础。因此，在最后的30秒里，西班牙队也希望能利用精心设计的整体战术配合占得先机。当时西班牙场上队员有罗德里吉斯⑪，费尔南德兹⑤，雷耶斯⑨，贾巴约萨⑮，吉米内兹⑩。阿根廷队吉诺比利⑤，奥贝尔托⑦，诺西奥尼⑬，沃尔科维斯基⑮和普瑞吉奥尼⑪。

战术回放 1——行云流水

西班牙组织后卫罗德里吉斯⑪控制球，从后场运球推进至前场向右侧转移（图 2-4-1），后卫⑪利用雷耶斯⑨的掩护向弧顶移动（图 2-4-2），再利用贾巴约萨⑮的掩护继续向左侧移动，同时，雷耶斯⑨向右侧拉开（图 2-4-3），贾巴约萨⑮掩护后也向中路拉开，同时，雷耶斯⑨向篮下切入（图 2-4-4），然后，后卫普瑞吉奥尼⑪从左侧

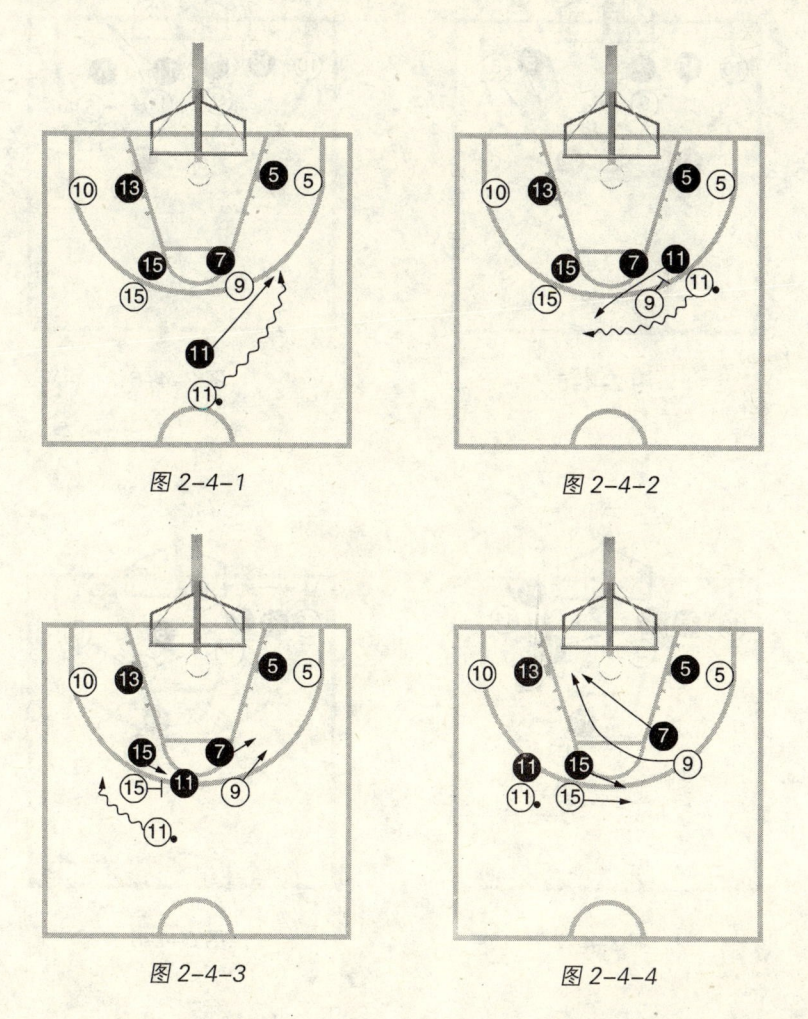

图 2-4-1

图 2-4-2

图 2-4-3

图 2-4-4

135

运球向篮下突破（图2-4-5），在限制区遇到对方协防时，分球给费尔南德兹⑤，同时普瑞吉奥尼⑪溜底线拉出（图2-4-6），费尔南德兹⑤接球后马上从中路向篮下运球突破（图2-4-7），然后分球给从底线绕出的普瑞吉奥尼⑪（图2-4-8），同时，费尔南德兹⑤从左侧底线溜出，贾巴约萨⑮迅速从中路纵向切入，接普瑞吉奥尼⑪的传球上篮（图2-4-9）。

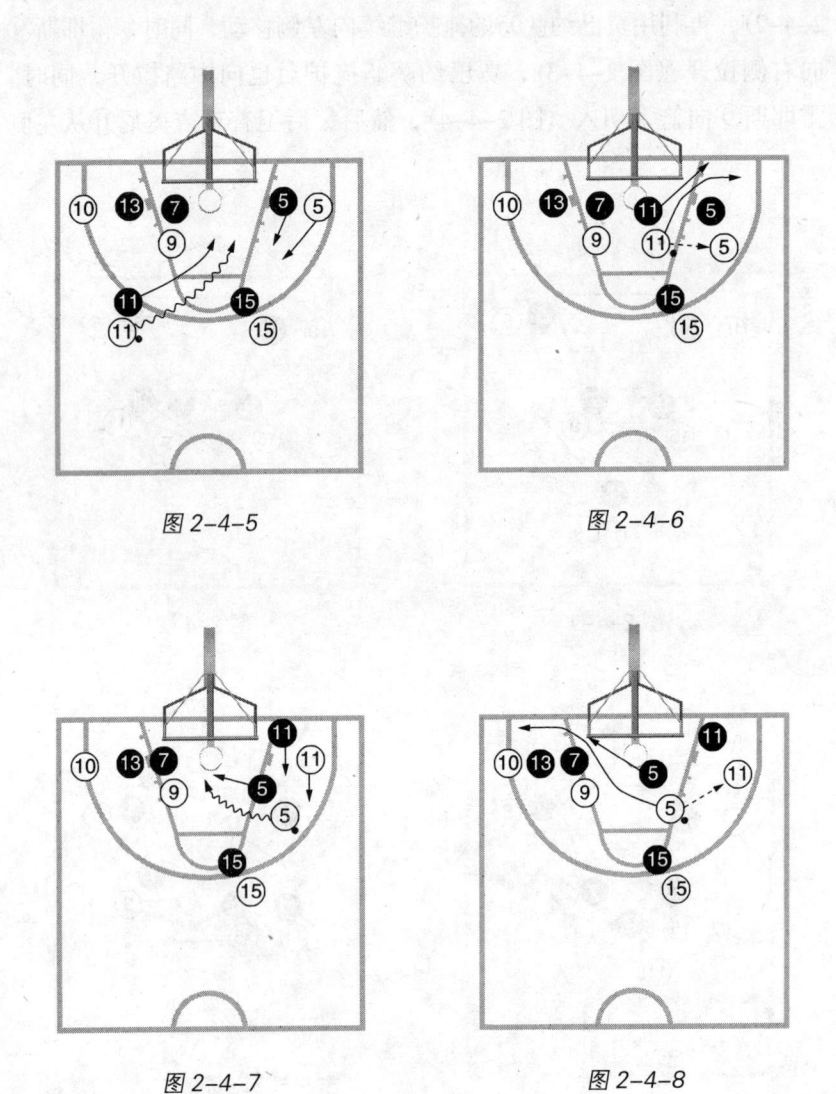

图2-4-5

图2-4-6

图2-4-7

图2-4-8

两强相遇勇者胜，世锦赛成就斗牛士风采

图 2-4-9

　　整个配合流畅、自然、巧妙，无论是突破的路线、切入的时机，还是分球的位置都恰到好处，充分显示了西班牙队的技术细腻、整体实力和战术素养，像这样流畅的战术配合很值得我们借鉴和学习。

　　第四节，距离比赛结束还剩 51 秒，西班牙队以 74∶72 领先阿根廷 2 分。获胜者将进入世锦赛男篮决赛。西班牙队控制球，场上队员有费尔南德兹⑤，纳瓦罗⑦，卡尔德隆⑧，吉米内兹⑩，贾巴约萨⑮。阿根廷队场上队员有斯科拉❹，吉诺比利❺，桑切斯❻，奥贝尔托❼，诺西奥尼⓭。对西班牙来说，在世锦赛上，男篮历史最好成绩是第四名，而此次已经平历史最好成绩，一旦击败阿根廷队，就可实现历史性突破，进入世锦赛决赛，所以西班牙队无疑会竭尽全力。而对阿根廷队来说，参加 2006 年日本第 15 届世界男篮锦标赛的小伙子们被国内誉为"黄金一代"，特别是在 2004 年雅典奥运会上获得了冠军，这更增加了阿根廷队员和球迷的信心和期望。因此，无论教练员还是运动员都会尽力用胜利来证明自己。

战术分析：

1. 西班牙队只要一次进攻得分，就可领先于阿根廷队 4 分或者 5

分，必将给阿根廷队施加巨大压力，从而大大提高本场获胜的可能性；

2. 阿根廷队必须力争防守成功，并争取进攻得分，缩小比分差距。

战术回放2——一锤难定音

西班牙队如图2-4-10所示落位，吉米内兹⑩上提弧顶附近给卡尔德隆⑧做掩护，而卡尔德隆则利用掩护的假动作迷惑对手，直接运球纵向切入。同时，纳瓦罗⑦下压给费尔南德兹⑤掩护，费尔南德兹上提左侧三分线外。卡尔德隆⑧运球至篮下遇到防守队员的夹击后，分球给三分线外的费尔南德兹⑤，结果费尔南德兹三分投篮不中（图2-4-11）。阿根廷后卫桑切斯⑥控制后场篮板球。

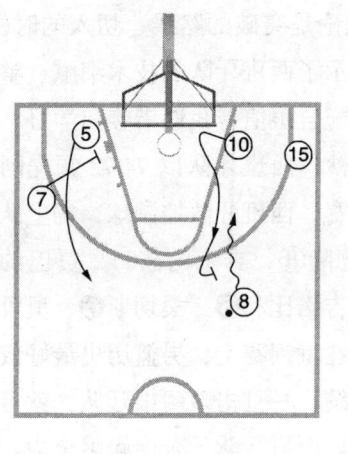

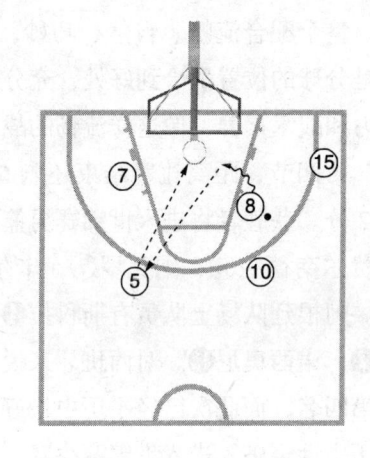

图2-4-10　　　　　　　　　图2-4-11

剩下45秒时，吉诺比利⑤从后场运球至前场，奥贝尔托⑦上提罚球线作要球假动作，然后提至弧顶给吉诺比利⑤掩护（图2-4-12）。而吉诺比利⑤并没有利用掩护，运球从左侧切入篮下，然后分球给右侧底角的桑切斯⑥，结果三分不中（图2-4-13）。

此时全场结束剩下28秒，但由于是西班牙队打球出界，24秒的进攻时间剩下9秒，因此，阿根廷队必须在9秒钟内完成一次进攻。

138

两强相遇勇者胜，世锦赛成就斗牛士风采

吉诺比利⑤掷前场界外球，斯科拉④在左侧接球，吉诺比利⑤利用斯科拉④的定位掩护，三分线附近接球跳投不中（图2-4-14）。结果，抢篮板球时，西班牙队犯规，阿根廷队的斯科拉④两罚两中。

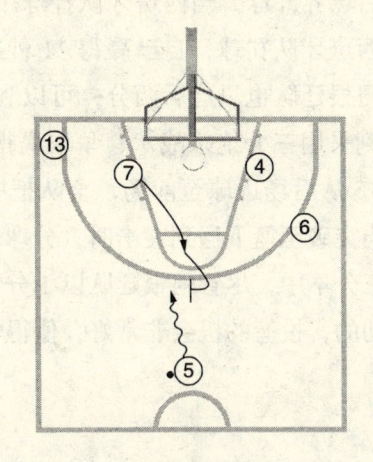

图 2-4-12

图 2-4-13

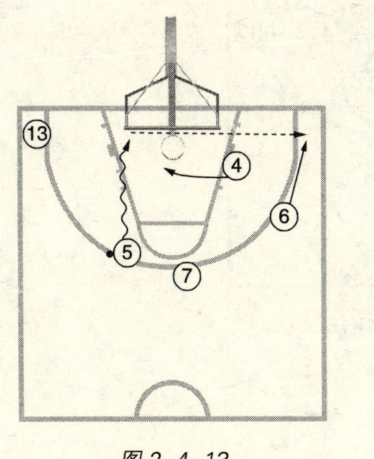

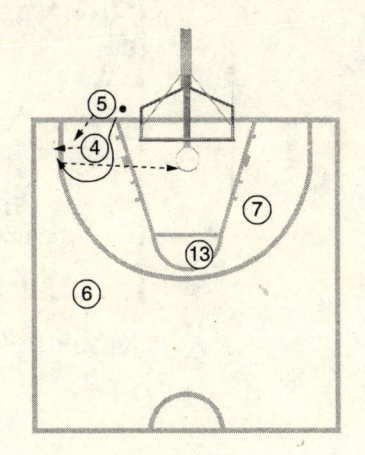

图 2-4-14

全场比赛结束剩22秒时双方打成74平，西班牙队主教练要求暂停。西班牙队后场掷界外球，西班牙队应争取打中得分赢得主动，而阿根廷队可以尽力防守成功，并控制防守篮板球。另外，可以采用犯规战术，让西班牙队罚球，最坏的结果是落后2分，而争取控制球

权，在最后一刻采用绝杀战术。

战术回放 3——神秘的战术选择

由于西班牙队后场界外球，当西班牙队控球 11 秒时，阿根廷队采用犯规战术，让西班牙队罚球，自己赢得 11 秒进攻时间，即使西班牙队两罚全中，阿根廷队也只落后两分，可以利用 11 秒的时间组织进攻，在最后一刻采用三分绝杀战术，争取赢得比赛。如图 2-4-15 所示，吉诺比利⑤从后场运球至前场，全队把中路拉开，让吉诺比利一打一突破，当突破至篮下遇到夹击时，分球埋伏于右侧底角的诺西奥尼⑬，结果三分不中，尽管阿根廷队以 1 分惜败西班牙队，但这种战术运用是成功的，投篮的机会非常好，值得学习与借鉴。

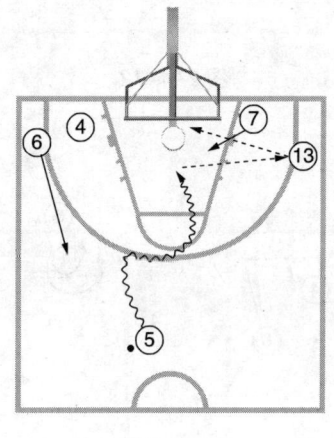

图 2-4-15

三、点　评

2006 年日本世锦赛西班牙男篮从热身赛开始到获得冠军创下了 19 连胜的纪录。

不要被西班牙队雅典奥运会第七名的成绩迷惑，他们在奥运会上表现得非常出色，小组赛中更是取得 5 胜 0 负的战绩，可是奥运会的

两强相遇勇者胜，世锦赛成就斗牛士风采

赛制让他们在四分之一决赛中与美国队（3 胜 2 负）遭遇。西班牙队输掉了这场比赛，这让他们的战绩不能高于第七名，失望的奥运之旅让西班牙队更期待在日本世锦赛上取得佳绩。毫无疑问，在国际篮联规则下加索尔是这支球队中最高效的球员，他清楚如何利用国际篮联规则的优势，更为重要的是，他懂得如何利用这些去帮助球队。当加索尔带球突破时，他的身高、速度和脚步移动都很难让对手防住。在雅典，加索尔场均得到 22.4 分、7.3 个篮板球和 1.86 次盖帽，他的投篮命中率高达 61.4%。在 2003 年欧锦赛上，他场均得到 25.8 分、7.5 个篮板球和 1.7 次盖帽，他的命中率高达 64.7%。

纳瓦罗是加索尔在青年队时的队友，他也效力于加索尔的前俱乐部巴塞罗那队，他是西班牙队第二有威胁的球员。纳瓦罗在 2002 年第二轮被 NBA 奇才队选中，他是控球能力最出色的球员之一，但他更像是一名得分后卫，这会给他的替补卡尔德隆更多机会。在以自由球员身份签约后，卡尔德隆上赛季效力多伦多猛龙队，新秀赛季中他每 48 分钟的助攻次数（9.3 次）排名联盟第八位，他场均贡献 5.5 分和 4.5 次助攻。这两名后卫让西班牙队能够在比赛的关键时刻顶住对手的压力，帮助他们在国际大赛中取得佳绩。除了美国队外，西班牙队拥有联盟最棒的后场组合，这是因为他们的替补席上还有费尔南德兹和罗德里吉斯。

因为闪电般的传球，罗德里吉斯被视为西班牙的贾森·威廉姆斯，在 2006 年选秀中他首轮被 NBA 太阳队选中，随后被交换到开拓者队，他在未来应该会有更好的表现。20 岁的他在 2005—2006 赛季西班牙联赛中场均出赛 23.3 分钟，得到 9.1 分、2.4 个篮板球和 5.0 次助攻。

西班牙队的前场同样有足够的深度，他们拥有三位老将雷耶斯、吉米内兹和贾巴约萨。贾巴约萨在雅典奥运会上以场均 13.3 分排名球队第二位，在效力欧洲 11 个赛季后他与猛龙队签约，代表马拉加队参赛时他场均得到 14.9 分和 6.9 个篮板球，他连续两年当选了西班牙杯的最有价值球员。

雷耶斯身高不够，可是他争抢篮板球的能力极强，最近一个赛季

代表皇马队出战时他在场均 26 分钟的时间里贡献 9.7 分和 7.5 个篮板球。小前锋吉米内兹是西班牙队另一个值得注意的球员，在过去一个赛季中，他场均得到 10.4 分、7.5 个篮板球和 1.4 次抢断。中锋巴斯奎斯在 2005 年 NBA 选秀中首轮被奥兰多魔术队选中，他因为背伤缺席了世锦赛，这让巴塞罗那队的马克·加索尔（保罗·加索尔的弟弟）入选了西班牙国家队。

　　西班牙队拥有 NBA 全明星球员加索尔，他身边有足够多的才华横溢的球员。在雅典奥运会上取得 6 胜 1 负战绩却只排名第七位之后，这让他们更有动力证明自己，西班牙是 2006 年日本世锦赛上最危险的球队之一，而事实也证明了这一点。

NBA篇

牛刀小试，
"飞人"力压"滑翔机"

"飞人"乔丹——一个集优雅、力量、艺术、智慧、能力于一身的卓越运动员，他重新定义了 NBA 超级明星的含义，他是公认的全世界最棒的篮球运动员之一。同时代的超级巨星们都承认乔丹举世无双的才华和至高无上的地位。"乔丹在顶层，然后才是我们。""魔术师"约翰逊说。在乔丹进入 NBA 后第二个赛季的季后赛中，对阵波士顿凯尔特人的一场比赛，他更是砍瓜切菜般掠下 63 分，"大鸟"伯德说："今晚，是上帝穿上了 23 号球衣。"成为迈克尔·乔丹式的人物，是所有美国人的梦想。

迈克尔·乔丹来自纽约的布鲁克林区，后来进入北卡罗莱纳大学学习，在那里，他的篮球天赋开始显现。加盟芝加哥公牛队后，乔丹率队 6 次获得 NBA 总冠军，5 次赢得最有价值球员（MVP）的称号。两度宣布退役，又两度宣布复出，最终于 2003 年从华盛顿奇才队退役。乔丹是美国最伟大的篮球运动员。据估计，截至 2002 年，飞人乔丹的财产总数为 4 亿 200 万美元。有人估算乔丹为 NBA 带来的价值在 100 亿美元以上。他的名言是："我可以接受失败，但无法接受放弃。"

一、比赛背景

1992 年 6 月 3 日，NBA 总决赛第六场在开拓者队的主场进行。这一年的季后赛，公牛队在东部受到了强有力的挑战，他们用七场比赛才淘汰了由尤因率领的尼克斯队，用六场比赛才把骑士队解决掉，进入了总决赛。开拓者队则是在先后淘汰了湖人、爵士和太阳后进入总决赛的。这是真正的巅峰对决，两队都是阵容整齐，且分别拥有联盟的一二号球星：乔丹、德雷克斯勒。

前五场的基本情况是，公牛主场先下一城，第二场被开拓者扳回一局，一比一的大比分移师波特兰，第三场公牛获胜，第四场公牛痛失好局，在大部分时间领先的情况下被开拓者逆转，双方战成二比二。关键的第五场，开始公牛状态并不理想，到第四节时主帅杰克逊都已有放弃的迹象出现：他全场只留皮蓬一名主力队员在场上，其他全是替补队员。但奇迹发生了，替补队员表现异常神勇，将比分追至只差3分，这时，已休息多时的乔丹重新上场，和皮蓬联手拿下19分，锁定胜局，公牛队三比二领先，进入第六场。

二、比赛实录

半场6个3分球乔丹力压德雷克斯勒。

第一节开始，公牛队前三次进攻只得了2分，乔丹没有一次出手，芝加哥2:7落后波特兰。"滑翔机"德雷克斯勒包办了开拓者的前6分，接着乔丹开始自己发挥，在9分29秒时，投进一记较远距离的中投，得到他的第一个2分。芝加哥依旧以6:9落后波特兰。但是乔丹紧接着的几次投篮都没命中，而开拓者前七次出手全部命中，毫不客气地将比分差距拉大，芝加哥9:17落后。

6分02秒，乔丹投进了他的第一个3分球，开始了他的表演。正如他在赛后所说："接下来你也知道了，不管在哪里，我怎么投怎么进，三分线跟罚球线没什么两样。"

5分44秒，乔丹跳投命中还造成了防守犯规，罚球命中3分进账。15:17芝加哥落后。此后乔丹开始发飚，但其队友却依旧手软，全队15次出手只命中5次（其中还包括乔丹的两球），而波特兰的攻势依然强大，第一节还剩4分20秒时，在开拓者全队14投11中的高命中率下，开拓者以25:17领先公牛。

3分58秒，乔丹投进了第二个3分球。2分55秒，乔丹投进了第三个 3 分球。2 分 20 秒，乔丹跳投命中，芝加哥追平波特兰。1 分 54 秒，乔丹 2 分命中，得到第 18 分。紧接着阿姆斯特朗投进一球，公牛队在这场比赛首次领先开拓者。格兰特紧接着投进一球，以及在接下来的进攻中抢得进攻篮板球并补进，公牛队打出一波 16:3 的攻势（乔丹 10 分），33:30 公牛领先结束第一节。

　　第二节一开始，乔丹并未出场，而开拓者队在第六人罗宾逊率队反击下，逐渐将比分靠近，当公牛队仅以 45:44 一分领先开拓者时，休息了五分半钟的乔丹再度回到场上。

　　赛后乔丹说：我第一节的状况很好，但是教练员却在第二节开始时把我放在场边休息。休息了这么一大段时间，我几乎忘了我当时的投篮节奏。当我重新上场时，我无法刻意找回状态，而只能等着那份感觉重新回来。

　　6 分 17 秒，乔丹一个转身晃过了德雷克斯勒，跳投命中。只花了 17 秒钟，乔丹再度找回了第一节的手感。开拓者安吉随即罚进 1 分，之后德雷克斯勒 3 分球出手不中。公牛队方面，乔丹这时也妙传给格兰特得分，双方比分 49:45，公牛队依然领先。但是，仿佛不想让这找回来的感觉从指尖溜掉，乔丹开始要球，4 分 48 秒，他投进第四个 3 分球。开拓者连忙叫了暂停。4 分 37 秒，乔丹断下了安吉的球。接下来乔丹连续两次跳投命中。芝加哥 56:45 领先波特兰 11 分。

　　2 分 10 秒时，柯西似乎不相信乔丹还能继续投进，依旧放任乔丹出手，但乔丹让柯西懊悔不已，投进了他的第五个 3 分球。1 分 44 秒，皮蓬截获德雷克斯勒的传球，然而快攻上篮不进，但随后跟进的乔丹从容抓到在篮圈上方的皮球，顺势狠狠地灌进篮筐。全场观众为之疯狂，芝加哥 63:49 领先波特兰。

　　此时德雷克斯勒的进攻依然没有起色，投篮不进，1 分 21 秒，乔丹毫不犹豫地投进了第六个 3 分球。芝加哥体育馆的全场观众欢声雷动，虽然他们早已习惯了成为乔丹神奇的见证，但这回不一样，这场全球同步转播的总冠军赛，一定震惊了全世界其他的观众。

　　乔丹的六个 3 分球，绝大部分是抢攻或没有经过刻意的战术配牛刀小试，"飞人"力压"滑翔机"

合，只凭乔丹出色的个人能力所完成，但其中有一个是他和全队配合完成的，下面我们来看看战术执行的过程。

当时公牛五人落位情况如图 3-1-1 所示，皮蓬㉝在右侧 45°三分线外控球，传球给在策应位置的中锋格兰特㊴后，紧接着去给乔丹㉓做掩护，乔丹利用掩护向弧顶移动要球，帕克森⑤同时往右侧 45°角方向移动要球。接着开始做如图 3-1-2 所示的配合，格兰特㊴将球传给帕克森⑤后，帕克森⑤果断地利用格兰特㊴的掩护向内线突破，同时，皮蓬㉝和威廉姆斯㊷上提为乔丹㉓做了个二次掩护，使乔丹㉓得以摆脱防守在左侧底角接队友的助攻传球，从容出手，球应声入网，3 分命中。

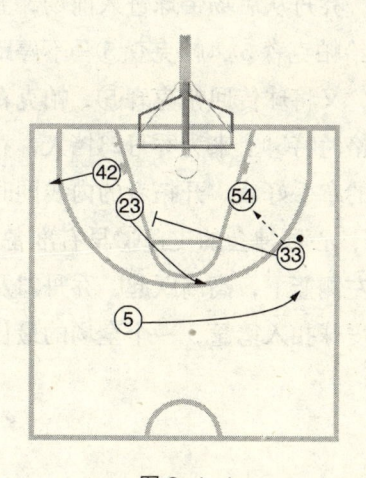

图 3-1-1 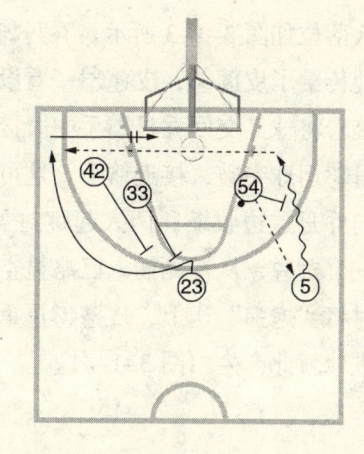　　　　　　　　图 3-1-2

在乔丹无所不在的攻势中，公牛队打出了一波 21:7 的攻势，乔丹一个人在 6 分 43 秒内就拿了 17 分。上半场结束，公牛队以 66:51，15 分的优势领先。在两大飞人后 17 分钟的一对一较量中，乔丹以 24:0 完胜德雷克斯勒。除此之外，失误也要了波特兰的命，第二节他们就有 7 次失误。更糟糕的是开拓者全队陷入了犯规麻烦中，如恪尽职守、任劳任怨的中前锋威廉姆斯，因此全场上场仅 18 分钟。

147

篮球经典战例解析

　　乔丹在上半场仅出赛 19 分钟，21 投 14 中，三分球 9 投 6 中（这 6 球还是连续命中的），2 分和 3 分球命中率均达 66.7%，罚一中一，总计 35 分。

　　公牛众将齐发挥，开拓者俯首称臣。

　　第三节一开始，公牛队已经打顺了，乔丹想，大概不需要他再来得分了，但是不得分的乔丹更可怕，下半场传出了他全场 11 次助攻的 9 次。而公牛队再以一波 15:2 的攻势提前结束了当晚的比赛。其中好球不断，比如一次皮蓬从边线发球，乔丹一个转身绕过了防守，空中接力直接灌篮。

　　下面我们再来看一个乔丹本场的最佳助攻的战术配合。

　　第三节开始不久公牛的一次进攻，乔丹从后场带球进入前场，五人落位如图 3-1-3 所示。乔丹㉓传球给帕克森⑤，帕克森⑤马不停蹄地传给了皮蓬㉝，皮蓬㉝一看没机会，又将球传回帕克森⑤，帕克森接着将球又交回乔丹㉓手中。接着，格兰特㊴上来为乔丹㉓挡人，乔丹㉓运球突破，接近篮下，这可是他的拿手好戏。开拓者的内线同时向乔丹这边收缩，两人起跳封盖乔丹，心领神会的皮蓬㉝早有准备，一个摆脱，从左侧插入已略显空旷的左侧篮下，高高跃起，乔丹㉓及时将"炮弹"送上，皮蓬㉝重重地将皮球扣入篮筐，一个全场的最佳进球就此产生（图 3-1-4）。

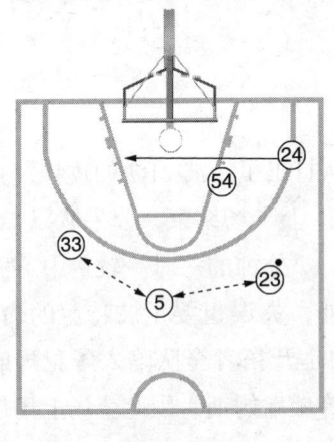

图 3-1-3

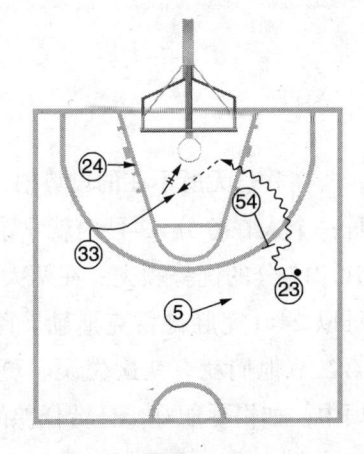

图 3-1-4

牛刀小试，"飞人"力压"滑翔机"

第三节还剩下 8 分 30 秒时，比分差距已拉大到 81:53。至此开拓者已毫无斗志，失误不断，投篮不进，回防缓慢，好像忘了这是一场总冠军赛。皮蓬在这一节一口气拿了 16 分，104:68，第三节结束。乔丹早就下去休息，至此波特兰已放弃比赛，第四节全部成为垃圾时间，这在 NBA 总决赛中是十分罕见的。公牛队再次以四比二的成绩卫冕总冠军。

赛后波特兰开拓者主教练阿德尔曼自我解嘲地说："我唯一能想到的好消息就是迈克尔在下半场只得了 4 分。"

虽然开拓者队认为他们拥有和乔丹一样出色的德雷克斯勒可以和乔丹抗衡，但是在比赛中可以看出，乔丹在各个方面全方位地超过了德雷克斯勒，乔丹和德雷克斯勒之间的差距或者说是乔丹和所有 NBA 球员的差距是一个巨大的差距，不单体现在技术上，还在精神上、思想上。1990—1993 年的乔丹是最完美的乔丹！

永不言败，
"米勒时刻"击败乔丹

一、背景介绍

"米勒时刻"讲的是 NBA 最伟大的三分手之一的雷吉·米勒，在比赛中的一次惊人的大逆转。在最后的 8.9 秒，拿到 8 分，帮助球队取得胜利。在米勒的篮球生涯中有八次在最后时刻逆转翻盘，为印第安纳步行者队取得了胜利。

在 1995 年，NBA 东部季后赛的第一轮比赛中，米勒所在的步行者队与纽约尼克斯队鏖战。最后 8.9 秒的时候，步行者队还落后 6 分。当人们认为大局已定之时，雷吉·米勒带球冲进前场，投进一个 3 分球。纽约尼克斯队发球，米勒抢断，运球至三分线外，再次出手命中。此后，他又靠着罚球，命中 2 分。最后，球队以 2 分的优势获胜。他完成了 NBA 历史上最伟大的一次逆转，人们把这次逆转称为"米勒时刻"。

乔丹是"篮球之神"，在 NBA 和世界篮坛创造了无数的奇迹，获得了无数的荣誉，在人们的心目中是不可战胜的。但是米勒始终坚信他可以击败乔丹。米勒自豪地说："我知道他是最好的，所有人都知道。但是，我想我可以和他斗！谁都想有好的表现，我也是一样，也许我不是最好的运动员。我跑不快，动作慢，跳不高，但我可以和最好的球员斗！"在 1998 年的 5 月，米勒做到了，他在最后一秒击败了乔丹。

1998 年 5 月 25 日，NBA 东部决赛第四场，公牛队总比分二比一领先，步行者队在主场迎战乔丹领军的芝加哥公牛队。比赛的最后阶段，公牛队领先1分，这时全场比赛还剩2.9秒，米勒在乔丹的贴身防守下投中3分球，反败为胜，将总比分追成二比二。虽然最后经过七场大战，步行者队以三比四惜败，但是米勒这种永不言败的精神永远值得人们敬佩。

二、比赛进程

当时芝加哥公牛队的主教练是杰克逊，出场阵容是乔丹、哈珀、朗利、皮蓬、库科奇。印第安纳步行者的主教练是拉里·伯德，出场阵容是米勒、杰克逊、史密斯、戴维斯和穆林。第三节结束时公牛队77:69领先。

比赛进行到第四节最后5分钟，芝加哥公牛队87:83领先，乔丹运球失误，步行者获得球权，公牛在防守中，中锋朗利对米勒犯规，米勒获得两次罚球机会，两罚全中，将比分追成85:87，仅落后2分。

1. 逆转前的反超

公牛队在进攻中利用乔丹的突破攻到篮下，并用假动作使其防守者失去重心，可惜投篮力量较小，没能投进，公牛队抢到前场篮板球，二次进攻，可惜球还是没进，步行者抢到篮板球。

进入前场后，步行者队利用连续的突破压迫防守，在外围形成投篮机会，命中3分。步行者将比分反超，领先1分。步行者队的配合见文。

如图 3-2-1 所示，米勒㉛利用㉝的掩护外拉到三分线外接④的传球。

如图 3-2-2 所示，㉝上提给㉛

图 3-2-1

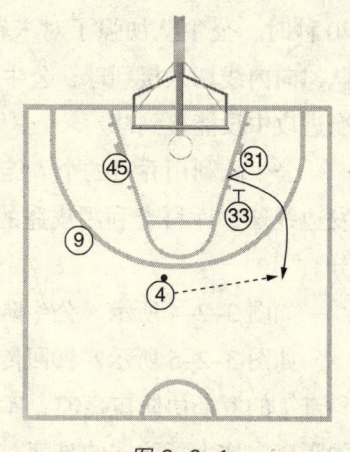

掩护，㉛假利用掩护队员的移动，向左侧运球形成突破，遇到补防后将球分给④。

如图 3-2-3 所示，④接到分球后在乔丹回防过程中突破，皮蓬补防，④分球给⑨号，⑨投中 3 分。

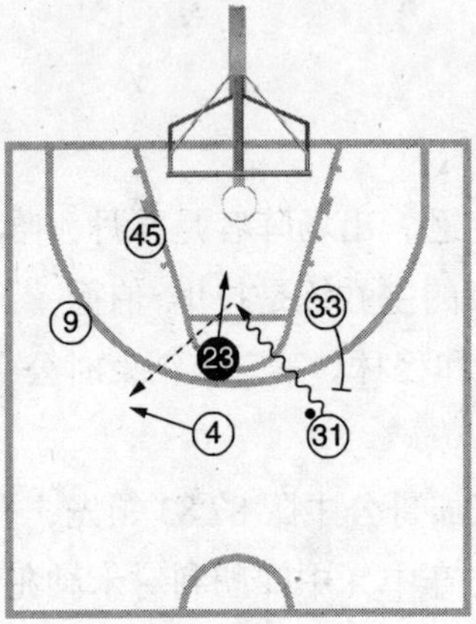

图 3-2-2

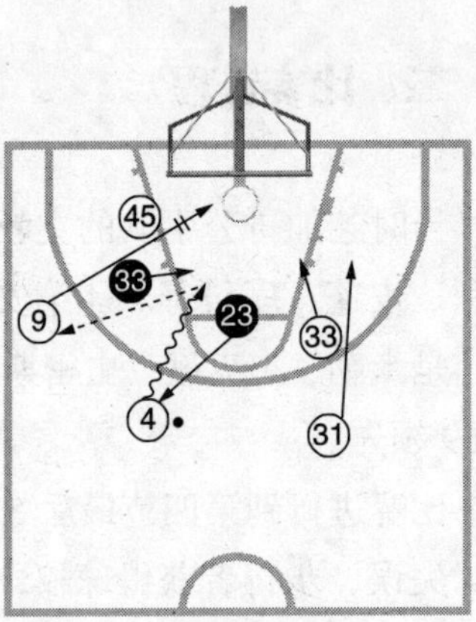

图 3-2-3

2.五次进攻米勒没能触球

公牛队乔丹中投不中，步行者抢到后场篮板球，比赛还剩 3 分 40 秒时，公牛队加强了对米勒的防守，不让他轻易接到球，步行者队㉝向内线切入接到球，公牛防守犯规，可惜㉝两罚不中（米勒第一次进攻中没能接到球）。

公牛队利用乔丹的个人能力，造成步行者队员防守犯规，公牛队发边线球，库科奇利用皮蓬的突破分球投中 2 分，公牛 89:88 领先 1 分。

如图 3-2-4 所示，公牛队落位如图所示，㉝掷界外球，(91)接球。

如图 3-2-5 所示，(91)回传球给㉝，㉝接球后向篮下突破，防守库科奇⑦的罗斯协防皮蓬㉝，库科奇⑦向外线移动，拉长了与防守队员的距离，加大了防守的难度，皮蓬及时将球分给库科奇⑦。

永不言败，"米勒时刻"击败乔丹

如图 3-2-6 所示，库科奇⑦接球跳投，命中 2 分。

步行者队进攻，公牛队还是加强对米勒的防守，中锋给米勒掩护，但乔丹的防守迫使米勒接不到球，库科奇绕前防守中锋，中锋在低策应区接不到球，中锋于是上提给⑨做掩护，防守⑨的科尔穿过防守，⑨运球在三分线急停跳投，命中 3 分。步行者 91:89 领先。（米勒第二次在进攻中没能接到球）

公牛队进攻，皮蓬失误。步行者抢到篮板球，进攻中米勒没有机会接到球，投篮没中。（米勒第三次在进攻中没能接到球）

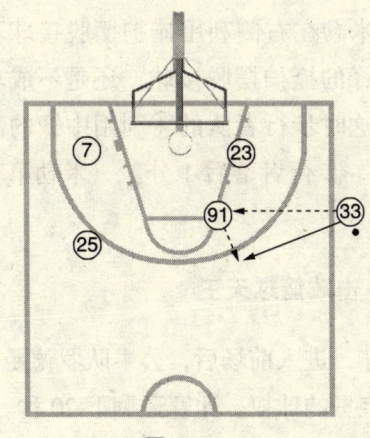

图 3-2-4

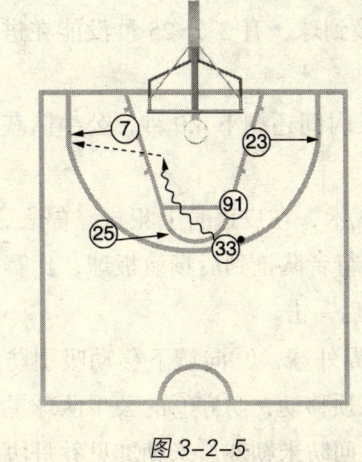

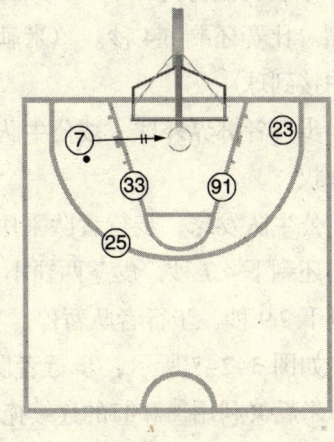

图 3-2-5

图 3-2-6

153

篮球经典战例解析

公牛队进攻中，乔丹利用突破使步行者队的进攻向篮下收缩，这时乔丹将球传到埋伏在外围的库科奇，库科奇投中3分。92:91，公牛领先。

步行者暂停，暂停后，步行者进攻，米勒在哈珀的防守下仍然没能接到球，步行者进攻投篮不中（米勒第四次在进攻中没能接到球）。

公牛队进攻，乔丹在一侧一打一，其余四名队员在另一侧无球跑动，乔丹运球中急停跳投命中。94:91，公牛领先3分。比赛还剩50秒。

步行者进攻，米勒在右侧利用掩护摆脱接球不成功，马上溜底线到左侧，利用中锋的掩护摆脱接球，还是不成功。米勒又溜底线到右侧准备接球，这时步行者队的④利用中锋的高位掩护突破到篮下投篮命中。93:94，步行者落后1分。（米勒第五次在进攻中没能接到球）

3."米勒时刻"击败篮球天王

步行者全场防守，进入前场后，公牛队罗德曼在给乔丹掩护时犯规，步行者队获得宝贵的球权。比赛还剩下20秒。

步行者队组织进攻，在比赛还剩下15秒时球终于传到米勒手中。米勒突破分球给④，④突破分球给⑨，⑨三分线外投篮被乔丹盖帽。比赛还剩6.4秒。（米勒终于接到球，有3分25秒没能在进攻中接到球）

步行者掷界外球，被公牛队破坏，时间还剩下4.9秒，公牛队获得球权。

公牛队发球，步行者队采用犯规战术，在皮蓬身上犯规，停表，时间还剩下4.7秒，皮蓬两罚不中，步行者队抢到后场篮板球，比赛还剩下2.9秒，步行者队暂停，布置最后一击。

如图3-2-7所示，步行者队④掷界外球，⑨向篮下移动吸引防守，米勒㉛利用㉝和㊺的连续掩护向弧顶移动，防守⑨的公牛队球星乔丹㉓发现米勒企图到弧顶接球，马上回防米勒㉛。米勒㉛见乔丹协

154

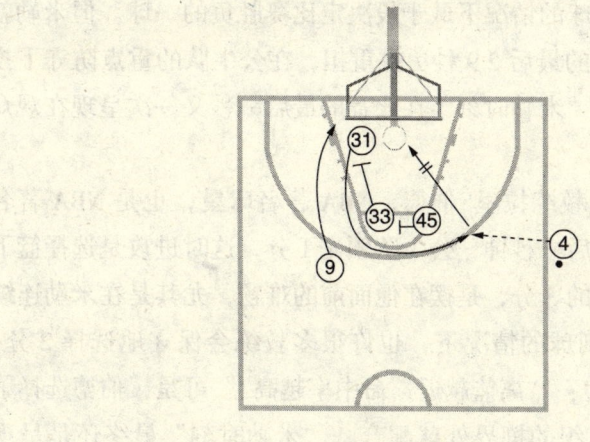

图 3-2-7

防，马上由弧顶沿三分线向右侧移动，接④的界外球远投，3 分中的。步行者队 96:94 领先，时间还剩 0.07 秒。公牛队最后一投偏出，步行者队逆转。"米勒时刻"击败天王巨星乔丹。

三、点 评

NBA 给球迷最大的惊喜和悬念，就是不到最后一刻无法知道哪一支球队获胜，很多比赛在最后一秒才能决出胜负，尤其是拥有米勒或者乔丹的球队，他们那种战斗到最后一秒的精神深深激励着球迷。这也是米勒和乔丹在球迷心中占据重要位置的原因之一。

米勒是那种"一剑封喉"的剑客，越是困难的比赛越是能激发出他的斗志。NBA 东部决赛的第四场比赛，如果比赛还不能胜利，就会被逼上悬崖，很可能就会被四比一淘汰。正是这种困境激发出了米勒的斗志。

在第四节的最后 5 分钟，米勒被公牛队重点防守，乔丹、哈珀轮流对其贴身防守，迫使米勒在进攻中接不到球，整整 3 分 25 秒钟米勒没有接到球，步行者的 5 次进攻中米勒通过个人摆脱、队友的配合都没能接到球。作为一名投手，如果没有很好的手感、良好的自信，很难在长时间不触球的情况下敢于投决定比赛胜负的一球。但米勒就是米勒,他在比赛的最后2.9秒勇挑重担,在公牛队的重点防守下投入了制胜的3分。"米勒时刻"在比赛的最后一秒又一次呈现在观众面前。

　　步行者队的主教练拉里·伯德,NBA著名球星,也是NBA著名教练,在比赛的最后一秒钟,公牛队领先1分,这时进攻是选择篮下的2分,还是外线的3分,是摆在他面前的难题,尤其是在米勒连续3分25秒没能接到球的情况下,也许很多教练会保守地选择2分,毕竟NBA有句名言:"离篮越近,命中率越高。"可是,伯德选择了米勒,通过精心组织的掷界外球配合,"米勒时刻"最终还是呈现了。

众志成城，公牛队不是乔丹一个人在战斗

一、背景介绍

1996—1997赛季NBA总决赛硝烟早已散尽，其意义却在不停地积淀，变得更加厚重。虽然新赛季的喜庆与喧嚣并未孕育出一支终结公牛王朝的彪悍之师，但这并不意味着新赛季必定平庸。NBA的每个赛季总有着自己的精彩篇章，新赛季总决赛与以往赛季相比，更多地凝聚和展示了一种精神，一次例行的决赛因此被注入了浓厚的道德情感底蕴。不得不承认，芝加哥公牛队是一支常常能令举世惊诧的球队。在1997年6月14日击败犹他爵士队之后，公牛队的声誉和威望达到了其他任何一支球队都难以企及的巅峰。七年中五度夺冠的辉煌令整个20世纪90年代的NBA弥漫着挥之不去的牛气。大气磅礴的公牛队在将篮球的魅力张扬到极致的同时，也以一种难以抗拒的力量让人们把对篮球运动的关注和理解局限在了相当狭窄的范围。没有必要对此表示出过多的责难和担忧，因为人们面对的的确是非常耐人寻味的现实。一支平均年龄高于其他球队许多的队伍能在如此长的时期保持着良好的整体竞技状态，将别人觊觎总冠军的野心撕得粉碎，这一事实让人肃然起敬——荣誉是他们前进的动力。

1. 解析公牛队

公牛队在夺得三连冠之后，全体球员穿上印有"有史以来最伟大的球队"字样的T恤衫欢庆胜利。其实就实力和阵容而言，公牛队远

不是"最伟大的"。当年凯尔特人队和洛杉矶湖人队阵容中的巨星在人数和实力上都要超过公牛队。但是用皮蓬的话说：现在的公牛队却是"最为特别的一支球队"。公牛队中除了"飞人"乔丹可以被称为有史以来最伟大的球星之外，其他队员如皮蓬、罗德曼、哈珀、朗利、库科奇和科尔等人，在NBA的过去和现在，人们都可以找到不止一个和他们旗鼓相当甚至更好一些的球星。但是篮球并不是"球星+球星=冠军"的简单加法，这支公牛队人员组合之奇妙和场上分工之合理已经达到了一种奇妙的境界。如果说是球星造就了公牛队，不如说是公牛队造就了一批球星。

杰克逊早在1987年刚到公牛队时便说，如果只知道把球交给乔丹，然后其他人闪到一边，那么公牛队永远也拿不到总冠军。这位创下一个赛季72胜10负胜率87.8%的主教练一贯强调，球星的作用不仅是自己发光，还得用自己的光芒让别人也亮起来。

在对手的眼里，杰克逊的用人之道充满了神秘感。这位在大学专攻哲学和心理学专业的主教练几乎研究过世界上所有的宗教和哲学思想，将其中有助于排兵布阵的精华都加以提炼，并行之有效地运用到NBA的赛场上去。公牛队中没有闲人，从头号主力乔丹直到自称为"第12人"的42岁的老将爱德华兹，杰克逊能让每个人都严阵以待，了解自己的角色，明确自己的任务。越是关键时刻，他越善于使用替补队员。在东部半决赛中，当公牛队10次投篮全部落空，让尼克斯队连追了13分的危急关头，他让全场比赛几乎没有上过场的替补中锋温宁顿上阵，温宁顿竟然在最后的一分钟内连进两球。这竟是他这场比赛的全部得分，成为公牛队最终获胜的转机所在。杰克逊赋了每名公牛队的队员以自尊和自信。NBA最佳第6人库科奇是有名的3分球重炮手，但是在1995—1996赛季总决赛前的11场季后赛，库科奇3分球一度有反常的表现。在1995—1996赛季总决赛第一场比赛中，杰克逊照样重用这位克罗地亚射手，结果库科奇不负众望在第四节比赛中连中两个3分球，其中第二个3分球出手后遭坎普犯规，库科奇又加罚命中，一次进攻竟得了4分。从此每到第四节，库科奇3分远投成了对手最为恐惧的"定时导弹"。

2. 解析爵士队

卡尔·马龙的 MVP，赛季平均每场 27.4 分、9.9 个篮板球给爵士队带来了好运，他们不但创造了本队常规赛 64 胜的纪录。而且球队历史上第一次闯进了总决赛。虽然输给了公牛队，但 6 场大战令人激动万分、荡气回肠。主教练杰里·斯隆已在爵士执教了 10 年，队伍的每一次进步都是他的汗水浇灌出来的。斯托克顿—马龙这一对搭档仍然是 NBA 历史上的最佳组合之一。年轻选手奥斯特塔格、布莱恩、拉塞尔、山顿、安德森、霍华德在比赛中已成熟起来，将会勇敢地拾起爵士队的"冠军梦"。这个重担还要感谢斯隆教练。他的行为令人佩服。他也是 NBA 最著名的教练之一。照理说，拥有马龙和另一位天才球员斯托克顿的爵士队应当战绩显赫，甚至名彪青史也不为过。可是，爵士队就像老掉牙的爵士乐一样，10 年来始终没有奏响最强的音符，也从来没有变过一次调。每年 2 月，马龙和斯托克顿联袂出席全明星赛，马龙得分和篮板球都在 NBA 前 10 名。年年打入复赛，却没拿过一次总冠军。

二、比赛进程

1997 年 6 月 13 日晚，当离第六场总决赛结束还有 30 秒钟时，公牛队与爵士队打成 86:86 的平局。整场比赛，公牛队一直被爵士队甩下 5 分，从第一场比赛就已经产生的这"5 分距离"一直很难让公牛队摆脱。公牛进攻了，球在乔丹手上运着，全场所有的眼睛都看着迈克尔·乔丹——这个刚才还被队医劝阻不要上场的球星，拉塞尔在左路挡住乔丹的去路，而站在场地中间的"跳蚤"斯托克顿也跑过来。斯托克顿和爵士队都感到第一场总决赛的那个最后 0.6 秒要重演了。乔丹在拉、斯二人的夹击中起跳，所有的人都屏住了呼吸。但乔丹却把球传给了站在三分线以内 30 厘米的科尔。科尔轻松地接球投篮，球应声入网。

科尔是迈克尔·乔丹欣赏的公牛队的新秀，是 1996—1997 赛季全明星赛场上的远投冠军。科尔也是在这场总决赛上被骂得最多的人之一。他和朗利一高一矮，一胖一瘦，两个白人球员在这场总决赛几乎没有任何作为。科尔不是雷吉·米勒或斯托克顿那种比赛中的三分球手，他在斯托克顿的看守下一个球也投不中。好在斯托克顿也撒开他去扑乔丹。公牛在最后 5 秒钟以 88:86 超出。之后，皮蓬在后 5 秒钟内完成了一个绝妙的抢断。他鱼跃断下球，在还没有站稳时把球传给了右边的库科奇⑦，后者飞身扣篮，又下 2 分，这时的比分是 90:86。离终场还有 0.06 秒。乔丹飞身冲上裁判台向全场的球迷欢呼。欢呼公牛队第五次得到了总决赛的最后胜利。

1. 关键三分球

当比赛还有 1 分 58 秒结束时，公牛队领先 3 分，这时爵士队的球权，斯托克顿持球进攻，如图 3-3-1 所示，霍纳塞克⑭主动给卡尔·马龙㉜做无球掩护，马龙㉜摆脱跑到三秒区左侧接斯托克顿⑫的传球，做一个进攻的假动作，吸引两名公牛队队员过来协防。马龙㉜挤过两名防守队员将球传给右侧的霍纳塞克⑭，霍纳塞克及时将球传给外线的安德森⑳，安德森做一个 3 分球投篮假动作，吸引防守人，将球直接传给空位的拉塞尔③。拉塞尔接球起跳，3 分球命中（图 3-3-2）。将比分扳成 86:86。这时离比赛结束还有 1 分 43 秒。

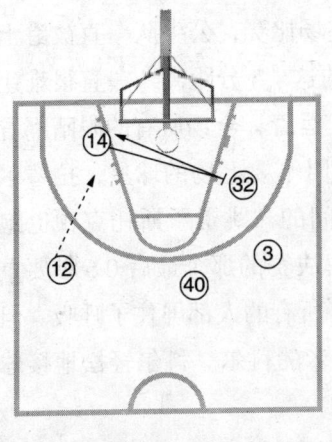

图 3-3-1 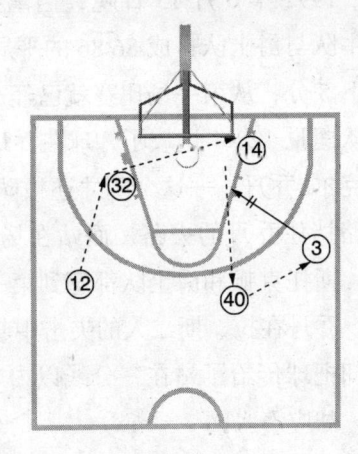   图 3-3-2

2. 安德森的致命失误

双方继续激战，打了三个回合，比分始终没有被改写，这时离全场比赛结束还有47.3秒，又是爵士队控制球权，这一次没有前几分钟幸运。如图3-3-3所示，卡尔·马龙㉜给斯托克顿⑫做掩护，斯托克顿摆脱防守突破到三分线以内，这时吸引两名公牛队球员防守，篮下安德森㊵出现空位，斯托克顿⑫直接将球传到篮下，安德森㊵面对空篮，做了一个反手勾篮，球却鬼使神差地投偏了，丧失了绝佳的锁定胜局的机会。自己也懊悔不已，罗德曼抢到篮板球，立刻叫了暂停，这时离比赛结束还有27.9秒。

图3-3-3

3. 科尔充当"关键先生"

公牛队的关键球处理一般是让乔丹来完成，但是这一次乔丹却将机会给了当时还是新秀的科尔，科尔完成了致命一击，诠释了"篮球并不是一个人的，而是五个人的"。如图3-3-4所示，先由皮蓬㉝给乔丹㉓掩护，乔丹㉓持球突破到底线附近，由于防守紧迫，乔丹㉓将球回传给皮蓬㉝。如图3-3-4所示，乔丹㉓摆脱防守，提到上线接皮

图 3-3-4　　　　　　　　　图 3-3-5

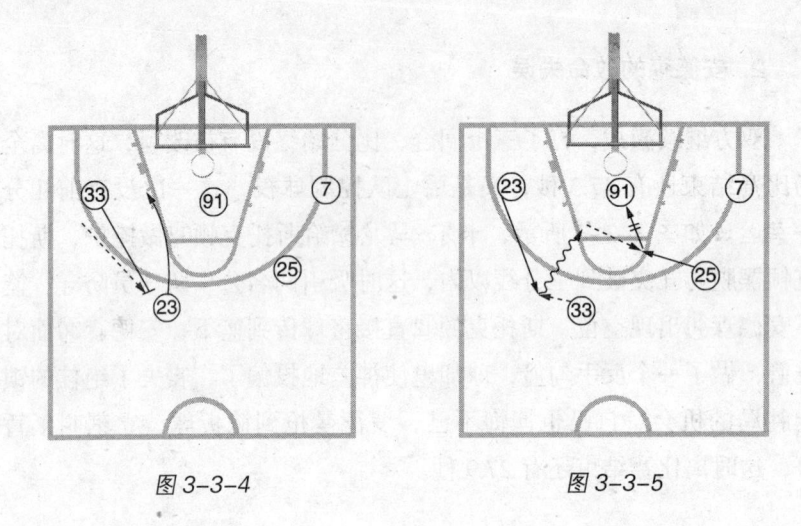

蓬㉝的传球，从 45°角突破，遭到拉塞尔和斯托克顿的夹击，乔丹这次没有勉强出手，而是将球交给了处在空位的科尔㉕，由科尔㉕完成了致命一击。防守科尔的斯托克顿最后犯了致命的错误，导致冠军第五次落入公牛的手中。

三、点　评

1997 年的 NBA 总决赛第六场，迈克尔·乔丹怎样带领公牛队在一路落后的情况下，在最后 8 分钟里控制了节奏，最后反败为胜，成为后来球迷和专家们津津乐道的话题之一。

当第六场开赛之前，迈克尔饱受肠胃炎困扰的新闻一经曝光，这个反败为胜的例子，就注定被历史赋上"伟大"和"神圣"两个词。当时人们用一种特殊的眼光看着芝加哥联合体育中心里的乔丹，这种眼光有点像古罗马时斗兽场外的平民和贵族们看着他们的英雄决斗士斯巴达克斯如何带伤制服他下一个对手。这样的时刻，乔丹已经是第五次经历了。

第一次，是在 1991 年，那天他穿着一件刚刚印上"23"号码的新球衣上场，前胸后背都感到有点儿痒，其他的他都记不得了。

第二次，是在 1992 年，满场球迷都在呼喊着他的名字，乔丹向他们挥动着胜利的手势，那天的信心好像他一辈子再也没有过。

第三次，是在 1993 年，乔丹一言不发、心事重重地走进场地，欢呼和期望他都没有看到或听到，他心里只想着赶紧打完这个总决赛，然后……那年他第三次得到了总决赛的冠军戒指，却永远地失去了老爸。

第四次，在 1996 年，灯光乍开让他的眼睛有点不自在，这次他第一眼便看到超音速队的肖恩·坎普，这个高中生，眼里流露着敬畏和贪婪的目光。

这个总决赛时刻是乔丹最实实在在的时刻，他看到了欢呼，听到了呐喊，队友们一个个显得很兴奋，而他只是感到隐隐的疼，他故作镇静，皱着眉，和队友们击掌，手拍得很响，他想用拍手声告诉卡尔·马龙：我还行！

黄金搭档双虎将，难敌"飞人"一将军

一、背景介绍

1998年夏天，在法兰西世界杯足球赛火爆开战之时，全球的其他重大赛事活动几乎都偃旗息鼓了，唯有美利坚上演的 NBA 总决赛却敢于大唱对台戏，并招来100多家电视台场场直播。与绿茵场上的众多球星相比，天王巨星乔丹和 NBA 众好汉们绝不逊色，此前，公牛队在迈克尔·乔丹的率领下，曾在 1990—1991、1991—1992、1992—1993、1995—1996 和 1996—1997 赛季获得 NBA 总冠军。

1998年的公牛队似乎不如前两个赛季强大，在东区决赛中与步行者队苦战七场方涉险过关，是疲惫之师。而爵士队在一个星期之前便结束了战斗，以逸待劳。总决赛第1场正如人们预测，爵士先胜一场。但公牛队马上反弹，先是在犹他扳回一场。回到芝加哥后的第3场比赛中，公牛把爵士打得体无完肤——98:54，创下 NBA 总决赛及爵士队历史上最低得分和总决赛比分最悬殊三项纪录。之后，公牛借余威再下一城，但爵士队随后扳回一场，总比分打成三比二。

美国时间 1998 年 6 月 15 日晚，犹他州能量解决球馆爵士队迎战公牛队。如果乔丹和他的公牛队当天晚上赢了，1997—1998 NBA 的总冠军就将属于他们。这场比赛，爵士队拥有主场优势，且远征的疲惫和皮蓬的背伤也给公牛队的前景蒙上了些许阴影。

除了这场比赛的胜负，人们更关心的还有"乔丹会不会退役"。175个国家的数十亿 NBA 球迷都在关注：一代天骄隐退，留下的将会是一个缺少巨星的寂寞和无人能填补的黑洞。乔丹以其旷古绝伦的天才和魅力，不但把篮球艺术推向了巅峰，而且影响着价值百亿美元的体育产业。

乔丹早说过，他会在鼎盛时期退役。这一晚的表演对他来说算是登峰造极之作，激流勇退恰逢其时。

人们为了多看乔丹一眼，近乎疯狂。公牛这一场比赛时门票炒到9000美元一张，因为人们担心那将是乔丹的告别赛。连马龙都说："我不希望乔丹退役，我非常敬佩他，我很爱他。"

双方球队介绍

芝加哥公牛队绝对是在全球拥有最高知名度的NBA球队。因为"飞人"迈克尔·乔丹——NBA历史上最伟大的球员——已经把身披公牛队23号球衣、轻灵而又霸气十足的身影，定格在每一个球迷脑海里。

1966年加盟NBA的公牛队，度过了一段艰辛的适应期后，渐有起色。虽然在20世纪70年代中期他们也曾经拥有过诸如鲍勃·拉维、诺姆·范·利、杰里·斯隆、汤姆·波尔温克尔等不错的选手，但公牛队的成绩却始终乏善可陈。从1971年起，公牛队连续四年常规赛取胜50场以上，终于吹响了进攻的号角。1974和1975年，公牛队凭借顽强的防守两度杀入分区决赛，但随着全明星球员沃克和斯隆的先后退役，公牛队开始走下坡路。尽管此后十年换了七位主教练，球员们也只能几乎年年守在电视机前观看季后赛。

在1984年，这个注定在NBA的历史上永远闪光的年份，一切终于发生了天翻地覆的变化，当总经理杰里·克劳斯在第三顺位选择了看起来并不怎么显眼的乔丹，谁都不知道这个长着一对扇风耳的男孩将掀起NBA有史以来最为猛烈的一场风暴。当时的NBA群雄并起、人才济济，不过以选秀探花身份加入公牛队的后卫迈克尔·乔丹，很快就脱颖而出，大放异彩。1987年，目光独到的总经理杰里·克劳斯先后将格兰特和斯科特·皮蓬招至麾下，公牛队实力大增。然而，此后三年，公牛队仍然连续被以伊塞亚·托马斯和丹尼斯·罗德曼为首的底特律活塞队阻挡在总决赛大门之外，两支球队从此结怨。

1990年，"禅师"菲尔·杰克逊被起用为主教练，他把"多点轮换"和"三角进攻"战术融入球队，公牛队日益强大起来。

1991年，所向披靡的公牛队在东区决赛中终于战胜宿敌活塞队，乔丹复仇成功。在随后的总决赛里，公牛队横扫"魔术师"约翰逊领衔的湖人队，夺取了第一座总冠军奖杯。此后两年，公牛队在总决赛中又先后击败"滑翔机"德雷克斯勒领军的开拓者队和"重型坦克"巴克利统帅的太阳队，卫冕成功，以三连冠的战绩宣告了公牛王朝的来临。

1993年，经受着丧父之痛的乔丹突然宣布退出篮坛，改行打起了棒球。球队群龙无首，诸强趁虚而入。令他们胆寒的是，1995年季后赛前，乔丹再度杀回NBA，那个篮球场中上帝的化身又回来了！1996年，告别了格兰特的公牛队请来了曾经的死对头篮板王罗德曼。公牛队继续上演NBA的神话，一度连胜37场，不但创造了常规赛72胜10负和季后赛15胜3负的NBA纪录，而且在总决赛中四比二击败超音速队，重新夺回王座。此后，公牛队再接再厉，连续两年将杀入总决赛的爵士队斩于马下，完成第二个三连冠的霸业。公牛王朝光芒四射。

乔丹在为公牛队效力的13个赛季中，5次荣膺MVP，11次入选全明星队，10次入选年度最佳阵容，9次入选年度第一防守阵容，10次成为年度得分王，2次夺得奥运会冠军。这位仿佛不受地心引力控制的篮坛"飞人"，创造了无数美妙时刻，刷新了NBA的大串纪录，成为名副其实的"飞人陛下"。

1998年，功成名就的乔丹激流勇退，第二次告别篮坛。皮蓬、罗德曼、朗利、科尔和库科奇等旧臣也都相继离开了公牛队，就连"禅师"也放起了大假。盛极一时的公牛王朝衰败了，NBA从此步入后公牛时代。近几年来，球队开始了大规模重建，先后迎来状元秀布兰德、杰伦·罗斯、杰伊·威廉姆斯和丹尼·马绍尔。球员们很有潜力，不过想要重振旗鼓，尚需时日。

乔丹、皮蓬和杰克逊的相继离开让公牛陷入低谷，连续6年无缘季后赛，不过随着戈登、辛里奇等年轻球员的成长以及本·华莱士的加盟，这支球队又重新焕发了活力，芝加哥人再次品尝到了胜利的喜悦。

1974年爵士队在新奥尔良成立，1979年搬迁至犹他的盐湖城至今。经历了最初几年的挣扎后，从20世纪80年代开始，爵士队成为季后赛的常客，从1983年到2002年，他们年年常规赛胜率超过50%，连续19年打入季后赛。1997年和1998年爵士队两次打入总决赛，但两次都败给乔丹率领的公牛队。

爵士队多年来一直能保持稳定的成绩，主要原因是阵容稳定。马龙和斯托克顿是他们多年来的组合。1984年，爵士队在第16位顺位选中约翰·斯托克顿，1985年他们又在第13位选中马龙，两人成为此后爵士队的脊梁，90年代爵士队两入总决赛，就是他们的功劳。

两人经过近10年的配合，终于在1996—1997赛季达到巅峰。爵士队以西部第一的身份与东部冠军公牛队相会。但面对如日中天的公牛队，最后以2比4结束首次总决赛。1997—1998赛季爵士队再入总决赛，但在伟大的篮球之神乔丹面前，爵士队再次铩羽而归，而飞人则投中了名垂千古的一球。

两次冲顶未果，爵士元气大伤，此后球队开始走下坡路，马龙和斯托克顿也渐显老态，球队的重组问题已经摆到桌面。2003年，斯托克顿宣布退役，而马龙则转会到湖人，爵士真正开始重建。

二、比赛进程

第6场比赛，回到犹他的爵士队状态上好，几乎全场领先公牛队。乔丹几乎是一人把公牛队撑起，每当眼看爵士要把比分拉开，乔丹便以几记精彩入球缩小差距。比赛最后40秒，爵士队领先3分，乔丹控球，在对方双人包夹下强行上篮成功。随后爵士进攻，马龙拿球，乔丹从身后断球成功。暂停后，乔丹在弧顶面对拉塞尔的防守，假动作右侧突破，急停起跳，投进决定胜负的一球，使公牛队以一分险胜，完成了第二个三连冠的霸业。

全场比赛还有50秒结束时，双方战成83平。爵士队进攻，同以往多数阵地进攻的战术一样，这次进攻同样由斯托克顿①发动，借助霍纳塞克②的掩护，卡尔·马龙④得以在限制区外的底角位置较从容地得到斯托克顿①的传球。霍纳塞克②为马龙掩护后借卡尔⑤的掩护到对侧45°角位置，而在强侧，斯托克顿①传球给马龙④后空切入限制区，发现没有机会便继续切至对侧的三分线外。同样，马龙不能将球传给空切的斯托克顿①时，便自己运球寻找机会，此时，卡尔⑤由对侧限制区外切入篮下要球，公牛队收缩内线对马龙④进行夹击防守，当进行夹击防守的皮蓬刚刚到位，马龙已经观察到场地另一侧三分线外的斯托克顿①被漏防，迅速将球传到另一侧的斯托克顿①手中，斯托克顿接到球后果断出手，球应声入网，此时来补防的哈珀虽然仅仅慢了一步，也只能望球兴叹了（图3-4-1~图3-4-4）。

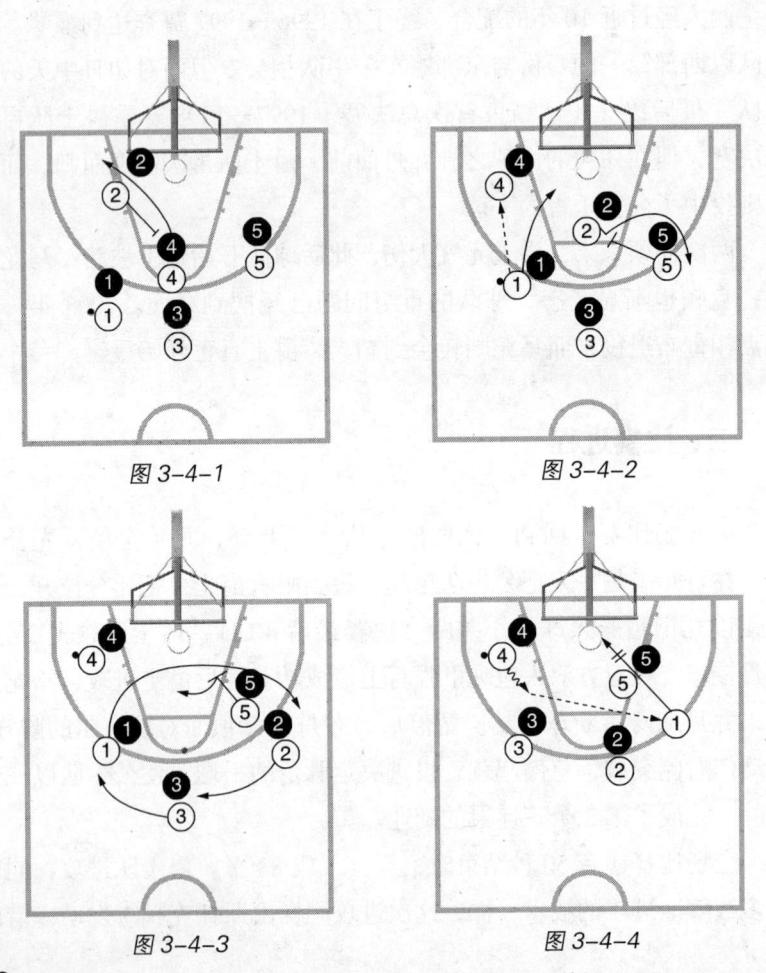

图 3-4-1

图 3-4-2

图 3-4-3

图 3-4-4

黄金搭档双虎将，难敌"飞人"一将军

这是一套爵士队使用较多且非常熟练的战术，斯托克顿①与霍纳塞克②的位置有时候会互换，以往爵士队多会抓住前面队员空切的两分球进攻机会，或由马龙单打，而这次抓住公牛队这一疏忽的漏防，进行三分远投也取得了奇效。

乔丹运球突破后，面对两个对手的夹击防守上篮将球投进，这时比赛时间还剩下 30 秒钟，斯托克顿组织进攻。我们常讲的那句话"赢球靠防守"在这个关键的时刻显现出了它的价值。这个回合，爵士队依旧按照他们的常规套路落入了阵地战的位置，霍纳塞克②在限制区内为马龙④进行掩护，使马龙得以在限制区外的底角处抢到位置准备接球。然而这一次霍纳塞克②的防守人——乔丹❷并没有按照惯例跟随他到球场的弱侧，而是留在限制区内的中央位置，斯托克顿①将球传给马龙④时，他迅速绕到马龙身后进行包夹，由于罗德曼❹的 3/4 绕前贴身防守，此时马龙④并没有注意到从自己身后溜过来的乔丹，露出了破绽，乔丹眼疾手快，迅速将马龙④手里的篮球打掉在地上，牢牢抓在了手里，完成了这次抢断（图 3-4-5、图 3-4-6）。

图 3-4-5　　　　　　　　图 3-4-6

乔丹①抢断后运球到前场，在三分线外的左侧45°角位置，他抬头看了看计时器：比赛还有10秒钟结束。这时乔丹的队友已经全都站在了三分线的外面或者附近，利用对方的人盯人防守战术和NBA对防守人的特殊规定，将篮下拉空，于是乔丹右手运球由中路迅速向限制区突破，负责贴身防守他的拉塞尔❶也同样快速贴了过去，乔丹①突然一个急停将拉塞尔甩了出去，面对几近无人防守的篮筐完成了他这场比赛的绝唱，他高举着手臂直到球飞入篮筐（图3-4-7、图3-4-8）。

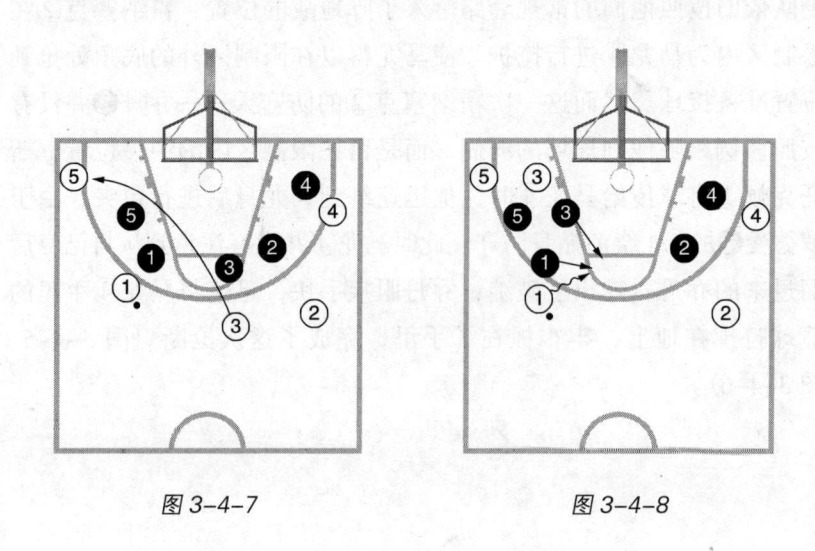

图 3-4-7

图 3-4-8

比赛结束了，乔丹、皮蓬和杰克逊激动地拥抱在一起。这拥抱已经成为绝版，因为之后乔丹就乘风归去，皮蓬辗转到了波特兰开拓者队后也退役了，杰克逊休息了一个赛季后则执掌了洛杉矶湖人队的帅印。

三、点 评

连续几个赛季，爵士队的主力阵容始终比较稳定，球队内部也比较团结，相比之下，公牛队的形势比较混乱：管理层与运动队、运动队内部的队员之间总是存在着或大或小的矛盾，特别是作为媒体关注的中心，这支球队似乎已没有什么隐私可言。

由于人员稳定，气氛和谐，加之原本就极为注重团队配合，爵士队的整体配合已经非常熟练，特别是卡尔·马龙和斯托克顿的挡拆配合，虽是极为基本的战术，却有着非常大的实效性，在联盟内可谓一绝，凭借这个挡拆配合，他们两人曾共同荣膺联盟 MVP。

芝加哥公牛队的攻防体系则是以"三角进攻"为基础，以迈克尔·乔丹为核心建成的，可以说如果抑制了乔丹则抑制了整支公牛队，可惜还没有哪支球队可以将乔丹防住。正是这个原因，在最艰难的时刻，往往是由乔丹进行个人进攻，其他队友进行辅助。

在这次比赛的关键时刻双方依然遵循着上述原则，爵士队由斯托克顿组织进攻，队员频繁进行掩护，马龙在限制区外进行策应，视情况决定自己进攻还是助攻队友。比赛还剩最后 50 秒钟时斯托克顿接马龙长传投中的三分球就是这种全队配合的经典范例。只可惜在最后 30 秒钟时的那次依旧按照原来套路的进攻被乔丹识破，并且抢断了马龙的球，真是成也萧何败也萧何。

反观芝加哥公牛队，在比赛最后的关键时刻，每次进攻都直接将球交到乔丹手中，其他队员撤到三分线外，形成乔丹的单兵作战机会，利用他超强的个人能力，而乔丹也不负众望，他总是能抓住机会，最终给爵士队致命的一击，率队夺取了 1997—1998 赛季 NBA 总冠军的奖杯。

最终单兵作战的"飞人"乔丹战胜了依赖团队配合的组织后卫斯托克顿和"邮差"马龙，实现了他的第二个三连冠。

"小鱼儿"跳龙门，
0.4秒逞英豪

一、比赛背景介绍

　　NBA（美国篮球职业联赛）是世界上水平最高的篮球联赛，联盟内的球员几乎都是美国各个大学最顶尖的选手、世界各个国家国家队的成员。NBA联盟有着强大的运作造星机制，也是世界各大体育联盟中最赚钱的联盟之一。NBA的比赛观赏性强，强调球星的个人表演，各种方式扣篮在比赛里随处可见。NBA的教练员也都精通各种复杂多变的战术，善于利用明星球员的个人能力，善于建立自己球队的风格，比如湖人队的"三角进攻"、国王队的"普林斯顿"打法等。

　　不过冠军只有一个，有这么句老话"进攻赢得比赛，防守赢得冠军"，2003年的总冠军马刺队正是一支防守非常老到的，甚至有些"脏"的队伍。在这个联盟里，只有用实力说话，攻守兼备外加像乔丹、科比这样的球星，才有可能在残酷的竞争下夺冠。通常来说，常规赛是表演、是演练阵容，只有到了季后赛才开始真刀真枪火拼，正是有这种对抗才会有伟大的比赛出现，NBA比赛往往在最后几秒甚至零点几秒决定胜负，这也是NBA吸引球迷的最大卖点之一。让我们看看这些伟大的比赛：步行者队球星雷杰·米勒在纽约尼克斯的主场麦迪逊花园广场8秒内狂砍8分，助球队反败为胜；火箭队特雷西·麦克格雷迪在自己的主场35秒得到13分击败马刺；当然还有伟大的篮球之神"飞人"乔丹1998年的世纪一投……经典比赛不胜枚举，下面就为大家献上一场不可思议的比赛，伟大的比赛。

"小鱼儿"跳龙门，0.4秒逞英豪

2004年NBA季后赛激战正酣，西区马刺湖人的对决上演火星撞地球。2004年湖人队大手笔引进了"邮差"卡尔·马龙，"手套"加里·佩顿，这对冤家本来曾经是西部最难缠的两支球队的当家台柱，但苦于生不逢时，在乔丹的阴影下度过了职业生涯最巅峰的时期，每次都止步于总决赛。两位悲情人物为了在退役之前拿到总冠军戒指，不惜拿低薪，做苦力，来到湖人与科比、奥尼尔强强联合。于是评论圈给这四人一个雅号"四大天王"。怀着一颗总冠军的心的球队是异常坚韧的，四大天王加上"禅师"菲尔·杰克逊这样的阵容让任何球队都为之胆寒。队中还有今天的主角"小鱼"费舍尔，他们的板凳深度是全联盟最强的，而且几乎每名队员都有不只一次的总决赛经验，这种心理优势是其他球队难以抗衡的。

但湖人也不是无懈可击，首先科比和大鲨鱼的关系一直受媒体关注，他们的不和也直接影响球队的凝聚力；其次，"四大天王"虽然每个人都有极强的个人能力，但真正的攻击点不明确，有时候会无所适从，有时候会个人主义，同样对一支球队的整体不利；最后，新人的加入需要很长时间来适应"三角进攻"，就连科比有时候都很苦恼。所以从战术层面来讲，整支球队磨合的时间太短。不过即使有这些破绽，湖人依然是最强大的队伍之一。

马刺队是2003年的卫冕冠军，他们的阵容非常稳定。"石佛"邓肯是2次总决赛MVP，拥有强大的攻击力和策应能力，他的打板投篮和内线步法可以写入篮球教科书，而且在关键时刻毫无表情，是不折不扣的冷面杀手。托尼·帕克是联盟速度最快的后卫之一，有时候他一个人就可以将对手精心布置的防守撕破，他在内线的得分在全联盟排名第一，具有非常可怕的突破能力。他带动了马刺整支球队的攻防节奏，马刺不再像"老妇人"那样慢吞吞的了。"阿根廷飞人"曼奴·吉诺比利是一把尖刀，不管对手的防守如何紧密，他都能发现那一点点空隙，利用自己灵活的左手直突进去，一个背后运球穿过三名防守队员，然后在对方犯规、失去身体平衡的情况下用各种奇怪的姿势把球投中，这就是他的特长，当然还有精准的三分球。马刺是一支注重整体的球队，以邓肯为核心；每名队员都找到了自己适合的角色，他们冷静、狡猾、经验丰富，他们的比赛不算好看，甚至有些沉闷，但胜利者往往就是沉得住气的那一方。马刺队是联盟1997年以来发挥最稳定的球队，到2007年共获得了四次总冠军，多于湖人的三次，这绝对是一支伟大的球队。

这两队的对决，谁胜谁负，要到最后一秒才能见分晓。伟大的球队造就伟大的比赛，下面就是比赛精彩部分的细节剖析。

二、比赛进程

比赛过程中，大部分时间都是湖人占优势，最大的分差达到16分，但比赛还是进行到了最后才分出胜负。由于落后情况下马刺的追分能力非常强，加之湖人的命中率下降，比赛还剩2分44秒钟时马刺已经追到只剩1分（67:68）。

邓肯这时站了出来，拿到反超的2分。吉诺比利③在45°角拿球，传给中路的霍利④后直插进去，与此同时帕克①与之交叉跑位到弧顶接到霍利④的传球。邓肯也提到了高位，帕克①利用霍利④和邓肯⑤的掩护来到左侧45°角，将球塞给邓肯，由于奥尼尔速度较慢，邓肯轻松地接到了球，用一个他最擅长高位跳投把比分反超，现场立刻沸腾了（图3-5-1~图3-5-3）。

图3-5-1

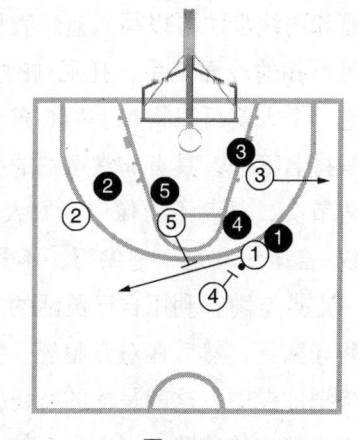

图3-5-2

"小鱼儿"跳龙门，0.4秒逗英豪

图 3-5-3

虽然湖人浪费了很多次进攻机会，虽然16分的分差被他们消耗殆尽，他们的进攻仍然非常耐心，在关键时刻仍然打出了精彩的"三角进攻"：比赛只有2分04秒时，湖人68:71落后，科比③在外线准备发动进攻，费舍尔②利用马龙④的掩护进入内线并穿过限制区来到弱侧，马龙④上提又给科比③做掩护并转身切入内线，科比③运球到45°角传球给中路接应的佩顿①，其实这时马龙④已经处于非常好的位置无人盯防，佩顿①没有发现，但奥尼尔已经抢占到肋部的位置，佩顿做了一个向费舍尔②传球的假动作后高吊传球给奥尼尔，对方由于顾忌费舍尔②的3分球并没有去补防奥尼尔，他接球后利用身体向内线运了一次球接小勾手命中（图3-5-4、图3-5-5）。

本场比赛的第一个高潮在只剩5秒钟的时候出现了：71:72，马刺队落后1分。马刺暂停后由吉诺比利③发前场球，霍利④在弧顶为帕克①做掩护使之到弱侧，球员②溜底线，邓肯在篮下为他掩护使之穿过限制区。②到底角三分线后，吉诺比利③做了一个向他传球的假动作把球交给了上提到肋部的邓肯，邓肯顶住奥尼尔向罚球线运球过程中突然超手投篮，邓肯倒在了地上，球空心中篮。球场突然安静了一下，马上爆发出潮水般的欢呼声，73:72，马刺领先1分。这时比赛只剩下0.4秒，几乎所有人都认为一切都结束了（图3-5-6、

图 3-5-7）。

用一句国产的广告语来形容接下来的情况最合适了："一切皆有可能。"只要红色指示灯没有亮谁也不知道下一个 0.1 秒会发生什么，我们的主角马上就要登场了，一个创造奇迹的男人，一支充满奇迹的球队：菲尔叫了暂停，布置了一个最基础的界外球战术，他们已经没有时间了，接球出手要在 0.4 秒之内完成。发球的是佩顿①，其余四个人按照奥尼尔⑤、马龙④、科比③、费舍尔②的顺序面向球站在罚

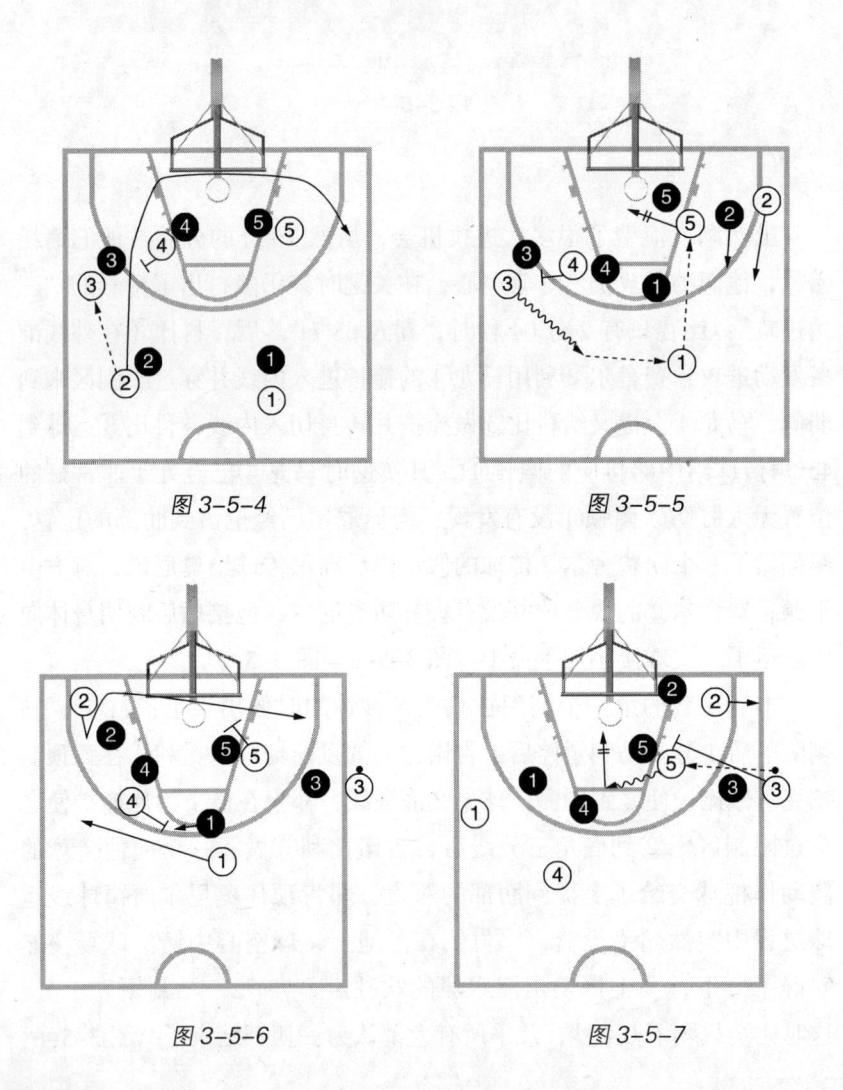

图 3-5-4

图 3-5-5

图 3-5-6

图 3-5-7

球线上,奥尼尔突然转身利用人墙向弱侧跑去,马龙④则顶住了看防科比③的人,科比③跑向外线要球,当所有人都以为他会得到球做最后一投的时候,隐藏在最后的费舍尔②利用马龙④强壮的身体摆脱了防守,在离篮筐6米左右的地方接到了佩顿①的传球,没有丝毫停顿将球抛出,篮球划出一道美妙的弧线空心入网。费舍尔②和他的同伴奔向了更衣室,留下场上无奈的马刺队员和2万名发呆的球迷。录像显示,费舍尔②出手后,红色指示灯才亮,从接球到出手只用了0.3秒,相信这绝对是"小鱼"费舍尔职业生涯永远难忘的比赛。多少年后人们仍然会津津乐道(图3-5-8、图3-5-9)。

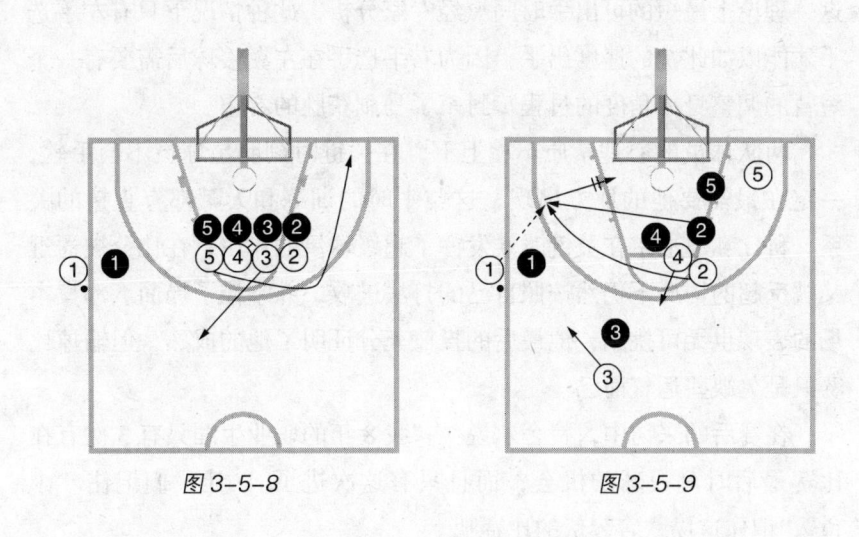

图3-5-8

图3-5-9

三、点 评

这场比赛勘称十年来最经典的战役之一。双方阵容之强大,如此多全明星球员的加入更为这场比赛增添了传奇色彩,而决定胜负的却是一个角色球员,体现出了篮球比赛的确是五个人的。两队的主教练都久经沙场,在战术调整、人员调配方面都有自己的一套,菲尔最后布置让费舍尔最后一投,因为对手注意力都在科比身上,他能拿到球的难度实在太大,显示了对自己队员的信心和老到的经验。

再说说费舍尔的进攻，单以技巧而言，除了左手超大弧度的外线投射，没有多少东西值得一谈。但他却拥有一颗与体格同样强健的心脏，加上多年与"OK"搭档湖人王朝的经历，让这位身体、技术都无过人之处的攻击型组织后卫在场上永远信心满满。当你所处的球队是一支"王者之师"，无形中会使你的自信大大提升，即便你只是其中普通的一员，也会觉得自己高人一等，这也许便是"总冠军之心"的由来。有如此强大的心理基础作保障，尽管客观上费舍尔职业生涯的命中率并不出色，但也从未妨碍他在空位和面对防守时出手的果决。在本场比赛中，他的这一特质发挥到了极致，在比赛仅剩0.4秒这一理论上最短的可出手时间（经专家分析，此种情况下只有左手选手才能以如此快的速度出手，因为右手选手在左翼接球后需要有一个短暂的调整身体角度的过程）封杀了马刺获胜的希望。

两队球员的心理素质不相上下，在关键时刻明星球员不会手软，一定在最需要他的地方出现，这与平时的训练和天赋都有直接的关系。科比和奥尼尔在关键时候发挥了超级球星的作用，在比分被逼近又被反超的情况下仍然按照自己的打法进攻，并掌控了局面。邓肯本场的表现也无可挑剔，他最后的投篮充分证明了他的成熟，但输掉比赛只是欠缺些运气而已。

在赛后的采访中，费舍尔说："我8年的职业生涯只有3次有在比赛最后时刻投球的机会，而且只有这次进了。"让我们记住"小鱼"，记住这场跌宕起伏的比赛吧。

虎入羊群，
"小飞侠" 81 分戏猛龙

一、背景介绍

2006年1月23日，科比·布莱恩特率领两连败的湖人队在洛杉矶斯台普斯球馆迎战波什领衔的多伦多猛龙队（常规赛）。后者赛前14胜26负排名东部倒数第四，而湖人在科比过去9场比赛场均41.6分的贡献下已经21胜19负排在西部第七，科比也靠场均34.8分的贡献暂时占据得分王的宝座。在当天的比赛中再次向人们展现出了其"为所欲为"的得分能力，46投28中砍下81分，超越乔丹于1990年3月28日常规赛对阵克里夫兰骑士队拿下的69分个人得分纪录。81分的得分也成为继张伯伦1962年3月2日对阵纽约尼克斯砍下的NBA单场最高得分纪录100分之后，联盟历史上排名第二的单场个人最高分。依靠科比81分的神奇发挥，上半场落后14分的湖人成功逆转，以122:104击败猛龙，结束两连败。

二、比赛进程

1. 遭突袭湖人猝不及防

比赛一开始，两队角色球员皮特森、布朗等人先为比赛预热，双方比分交替上升，帕克断球后的快攻扣篮为湖人率先得分，不过麦克·詹姆斯和皮特森的连续远投得手让客队以8:5领先，随后维兰纽瓦频频在篮下强攻得手。8分15秒，湖人队帕克的突破上篮将比分追成 9:10，不料随后麦克·詹姆斯的一记 3 分，维兰纽瓦的大力灌篮帮猛龙打出 7:0 的高潮，并 17:9 领先湖人。科比的中投和布朗自投自抢后的扣篮帮助湖人缩小了分差，但詹姆斯和维兰纽瓦的稳定得分让客队一直占据主动，并且以 36:29 领先结束首节。科比、米姆奋力追赶，不过波什、罗斯同样手感极热，本节比赛结束，湖人仍然 29:36 落后。科比此节拿下了 14 分，米姆贡献了 8 分。

2. 老套路猛龙考验科比

第二节比赛，猛龙众将执行防守湖人其他球员让科比单打的战术。第二节开始后以替补为主的湖人陷入得分荒，在长达 6 分钟的时间内只有乌贾希奇投中一记 3 分球，猛龙尽管进攻中投篮命中率也并不高，但还是逐渐将分差扩大，一度领先 14 分之多。科比重新上场后为主队暂时稳定了局面，他的远投和扣篮以及帕克的 3 分球带领湖人将比分迫近，然而詹姆斯和邦纳连续扔进两个 3 分球，前者更是在最后 1 秒远投得手，将上半场比分定格在 63:49。科比本节拿下 12 分。

下面我们来看本节比赛中湖人队的一个精彩的战术配合。进攻开始，湖人落位如图 3-6-1 所示，帕克①运球至弧顶，然后将球传给科比⑧，奥多姆⑦从右往左溜底线。接着如图 3-6-2 所示，中锋米姆㉛上前给科比⑧掩护，科比⑧从外侧运球突破，乔治③从另一侧插

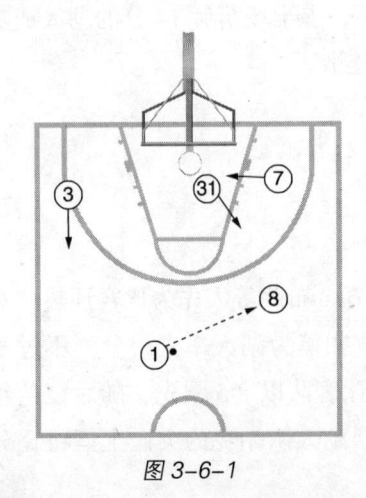

图 3-6-1　　　　　　　　　　图 3-6-2

人,科比⑧篮下攻击受阻之后,击地反弹将球妙传给乔治③,后者轻松得分。

3. 疯狂科比以一敌五

湖人上半场结束后以 49:63 大比分落后,科比半场砍下 26 分,这对他来说只是一个发挥正常的水平,湖人大比分落后猛龙对科比来说是耻辱。第三节开始后,詹姆斯的三分唤醒了科比·布莱恩特的得分欲望,他用突破上篮开始了个人得分秀,此节他拿下了 27 分,率队打出一个 42:22 的单节比赛,并且以 91:85 反超了比分。战至中段的时候,科比罚球得分,湖人队还以 68:77 落后。科比投中 3 分球,猛龙队的防守已经感觉到顾此失彼,奥多姆罚球得分,米姆跟进上篮得分,湖人队打出一个 7:0 的冲击波追分到 77:78。后来科比扣篮得分,湖人队终于以 87:85 实现反超。猛龙队士气受挫,詹姆斯跳投不中,帕克上篮得分,科比随后再用一个大力扣篮完成此节的个人表演,以一敌五,此节他拿下了 27 分,相比之下此节猛龙队全队仅得 22 分。前三节,科比总共拿下了 53 分,距他自己本赛季的 62 分纪录只一步之遥。

此节湖人也打出了精彩的全队配合。第三节还剩 2 分 37 秒时,比分为 85:79,猛龙领先。湖人进攻,科比从后场带球进入前场,五人落位如图 3-6-3 所示,科比⑧传球给帕克①,然后往篮下移动,再

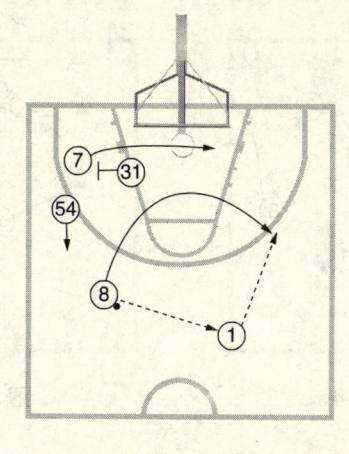

图 3-6-3

篮球经典战例解析

到右侧 45°角位置接球,同时奥多姆⑦在米姆㉛的掩护下溜底线。场上阵型变为图 3-6-4 所示,科比⑧将球传给策应位置的奥多姆⑦之后,沿边线往场角移动。奥多姆⑦拿球晃了几下之后,开始背身单打猛龙的大前锋波什,硬往篮下挤。米姆㉛往上提,此时篮下已较为空旷,这边科比⑧、奥多姆⑦、米姆㉛吸引了猛龙的防守重心,以至于对夸梅·布朗㊵的防守相当松懈。

此时奥多姆⑦停球,阵型如图 3-6-5 所示,猛龙拼命堵死奥多姆的传球路线,但也留下了一个瞬间的漏洞——夸梅·布朗㊵,但奥多姆⑦此时是背对布朗,护球任务也很艰巨,加上和布朗㊵的距离也有点偏远。此时向来敢于表现的奥多姆⑦艺高人胆大,他以一记难度很大的左手背后击地反弹的方式,将球传到了布朗㊵手中,他选择这种方式和路线的传球,注定了他的传球一旦成功,必将是一个绝妙的助攻,队友的得分将如探囊取物。事实也证明了这点,夸梅·布朗㊵上篮得分后斯台普斯体育馆的主场观众为这次绝妙的传球、精彩的配合报以热烈的掌声和尖叫声。

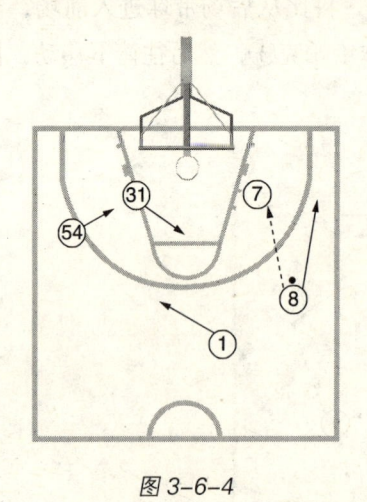

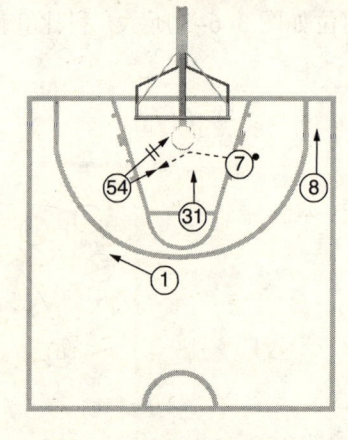

图 3-6-4

图 3-6-5

4. 酣畅淋漓，创下职业生涯新纪录

科比这次没放过缔造历史的机会。他在最后一节开始就领到一次技术犯规，这彻底激怒了杀红眼的科比，在波什身上拿到两次罚球机会，继续举起屠龙刀，疯狂砍分。面对如此疯狂的科比，猛龙队种种防守措施都无济于事，似乎只能等待末日的到来。科比连罚带投，继续为湖人队扩大领先优势，97:88。此时科比的得分犹如探囊取物，最后6分01秒，科比投三分球被犯规，他三罚全中，105:94。此时，他已经打破了职业生涯单场得分纪录——62分（创造于2005年12月20日和小牛队的比赛上）。最后2分36秒，科比罚球得分，117:102，比赛早已变成了垃圾时间。在对手没有还手之力的情况下，科比不肯罢休。科比的得分步伐走到比赛最后43秒，博纳尔再次把科比送上罚球线，科比两次罚球毫不手软，拿到他本场比赛的第81分！结束了这场惨烈的屠杀。最后4.2秒的时候，科比离开球场，接受球迷的欢呼。

三、点 评

科比全场打了42分钟，他几乎打满了下半场，第三节他独得27分，第四节砍下了28分，全场46投28中，三分球13投7中，罚球20罚18中，总共砍下81分！这个得分不仅仅打破了科比个人职业生涯的最高纪录以及本赛季个人单场的最高纪录，而且是现役球员单场最高得分纪录。科比超越了1961年12月8日张伯伦三个加时取得的78分纪录。在他前面的是1962年3月2日，张伯伦在与纽约尼克斯比赛中的100分纪录，81分让科比成为NBA现役球员第一人。科比此前的最高纪录是62分，创造于2005年12月20日和小牛队的比赛上。科比说："我意志非常坚定，我一刻都不松懈，按照自己的意愿去打球，发挥自己的全部。"队友帕克赞道："我们真的希望他能够成功，不断地把球给到他的手中。他今天的手热得发烫。"

在NBA历史上，仅有两人单场得分超过80分，那也就是张伯伦

和科比，除了张伯伦外 NBA 历史上仅仅有三名球员单场得分达到 70，他们是大卫·汤普森的 73 分，贝勒和大卫·罗宾逊的 71 分。"飞人"乔丹的最高得分是 69 分，已经被科比超过。赛后科比语无伦次地说："这些真的发生了！我也不知道怎么回事啊。我非常高兴这些在今晚发生。我做梦都没有想到，自己能够拿下这么多分，那是不可能的。"

湖人队助教贾巴尔见证了历史上的"贝勒时刻"，他说道："埃尔金（贝勒）的表现是难以置信的。我认为两场比赛没有可比性，当时的比赛没有三分线，贝勒只能去篮下得分，如果他远投得分，也只是算作 2 分。科比的攻击范围更大，他能够远投，也可以攻击篮下，他今天的表现无懈可击，他值得人们对他的称赞。"

对于如此神奇的科比，猛龙队主帅米歇尔表示无能为力，他说："我看过了科比和小牛队拿下 62 分的比赛，我还能说些什么呢？最让我感到惊讶的是，这名杀手是那么的无情。我们采用了一切可能采用的办法来制约他，人盯人、夹击防守、区域防守都没有效果。后来我让小个子球员跟着他，试图不让他接球，但是也没有成功。"

科比个人资料

名称：科比·比恩·布莱恩特（Kobe Bean Bryant）　　昵称：Kobe the Kid

生日：1978 年 8 月 23 日　身高：201.3 厘米　体重：95.3 公斤　语言：英语，并能说一口流利的意大利语，还略懂一些法语　家庭：父亲乔、母亲，两个姐姐莎拉、沙业　学历：费城劳尔梅里恩高中（Lower Merion）　星座：处女座

籍贯：宾夕法尼亚州（用中国的标准来衡量，他的家庭成分是——贫农），但他出生在费城。

科比·布莱恩特在高中时期代表学校出赛共获得了 2833 分（这打破了由威尔特·张伯伦创造的 2539 分，并保持了 38 年的纪录）。

"科比"的名字来源于意大利的一道风味牛排，售价 420 里拉（这在当地算是比较价格不菲的）。他的第一份职业合同是 1996 年与湖人队签订的 3 年 350 万美元签定的合同（这在 NBA 的工资中居于

中等偏下），曾带领其所在高中球队夺得 1995—1996 赛季总冠军。科比 1996 年正式和阿迪达斯签约。在 1999 年 1 月 29 日以 6 年 7090 万美元与湖人队续约。

小科比在中学的时候曾经有一次短暂的初恋，是他追求一名别的班级的女生。当谈到这些事，布莱恩特懊恼地说："我表现得糟透了，看来我还没完全把意大利人的激情学到手。"

在 NBA 球员中，最瞧不起布莱恩特的是犹他爵士队的卡尔·马龙，他曾 4 次在公开场合称科比不过是个"不知天高地厚的小子"。

布莱恩特的"8"号球衣来源于他崇拜的前 NBA 著名球星"冰人"乔治·格文，"8"号的另一个来源是他 1995 年在阿迪达斯篮球夏令营中获得 MVP 时穿的球衣 143 号，1+4+3 就形成了今天的"8"号了。

科比的跟腱长达 30 厘米，迈克尔·乔丹为 28.3 厘米。他十四岁时垂直弹跳离地已达到 135 厘米。他的脂肪含量 9.3%。1997 年 NBA 全明星赛的扣篮大赛上，他以"空中胯下换手扣篮"夺走桂冠，他用了两次这个动作。并且在那天他第一次带着他的女友布兰迪出席公开场合。科比在比赛中所佩戴的护指是在左手的食指。他的护腿也在左小腿上，这是为了避免易疲劳的腓肠肌的抽筋。

1996 年首轮第 13 顺位被黄蜂选中，随即被交换到湖人。

目前与科比签约的公司有：阿迪达斯、宽频体育公司、麦当劳、斯伯丁、雪碧等。科比不久前刚刚出版了一张大碟《K.O.B.E.》，销量蛮不错。另外，他还和美国职业棒球联盟的朱尼安共同出资，创办了名为"BroadbandSports"的网站，专门在网上销售体育用品。

表演、冲突和阴谋，
NBA 季后赛马刺涮太阳

一、背景介绍

菲尼克斯太阳队是 NBA 联盟中得分能力最强的队伍之一。2006—2007 赛季平均每场 110.2 分，10 秒钟之内的进攻达到 43%，而超过 20 秒的进攻只有 9%，可见太阳队进攻的疯狂程度。49%的命中率说明太阳队进攻快的原因不是因为急躁，而是因为他们找到了最适合他们的节奏。

这支最具观赏性球队的发动机就是蝉联两届 NBA 最有价值球员宝座的纳什，他是传球、调动、攻击力完美的结合体，太阳行云流水的进攻正是由他发起。当然篮球比赛不是靠一个明星就可以搞定的，太阳队人员配备十分合理：内线的斯塔德迈尔身高 2.08 米，虽然在中锋里这样的身高不是很突出，但他的速度、力量、爆发力绝对是联盟属一属二的，正适合太阳主教练安东尼的安排；"骇客"肖恩·马里昂怪异的投篮方式却有惊人的命中率，他也善于找到空位，更令人惊异的是凭借 2.01 米的身高和不同于常人的超长臂展，他可以从 1 号打到 5 号位，当小斯受伤病困扰时他担当起中锋也有模有样；拉加·贝尔是出了名的防守专家，在联盟中他也是制造进攻犯规的专家，虽然太阳的整体防守不是很强（2006—2007 赛季平均每场失 103 分），但拉加就是太阳防守的保险锁，一般对方的明星球员都由他来防守，并可以取得很好的效果。

太阳的整体风格就是一个字"快"，所以在看太阳比赛时，经常出现摄像机跟不上太阳队传球的情况，然后就听见解说员在那里感叹："太不可思议了，他们是短跑选手吗？太疯狂了。"主教练德·安东尼作为球员的时候就曾经在欧洲冠军杯决赛上上演只投三分球不投两分球的疯狂举动，有着这样的主教练，太阳队在快攻时经常也是以投三分球为结束，这对其他追求实际的教练员来看，是不可理解的，但就是这种打法击溃了他们。下面就为大家详细剖析一下太阳队快攻的方式。

二、实战解析

2007年NBA季后赛西部半决赛在太阳和马刺两支球队之间展开，这两支球队在常规赛战绩仅次于小牛队，而小牛队却出人意料地被"黑八"勇士队淘汰。太阳、马刺成为夺冠呼声最高的球队。因为活塞队失去了大本，不复以往的强悍。骑士的小皇帝詹姆斯也不够成熟。东部球队的实力还是和西部有很大的差距。可以说谁在西部胜出，总冠军就拿到一半了。第四场西部决赛在马刺主场进行，大比分是二比一马刺领先。太阳如果在这里输球，就基本上可以告别季后赛了。

比赛还剩余3分钟时太阳落后5分，纳什①在后场拿球在鲍文的干扰下仍快速推进到前场。他的队友拉加·贝尔②快速地下到左侧底角，看到纳什①向他运球便突然上提接应，纳什①在与拉加·贝尔②交叉的瞬间将球手递手传出，并且顺势用小动作将鲍文推到右侧并用强烈的身体接触挡住了②的防守人。拉加·贝尔②接球后急停然后突然起动，正当马刺的几个防守人注意力不集中的时候，他直线冲入篮下上篮成功，把比分差距缩小到3分（图3-7-1、图3-7-2）。

在比赛还剩1分35秒时，太阳打出了一次非常精妙的快攻配合：肖恩·马里昂③拿下篮板球后交给纳什①并及时跟进。纳什①向场地左侧推进拉开防守，拉加·贝尔②和④已经在左侧45°角和底角落位。当3个人几乎成一条直线时，所有人都认为纳什①会将球交给距他比较近的肖恩·马里昂③，但如果这样的话对方底线的防守者就不会出来补防，他可以兼顾左侧的两名进攻队员。可纳什①却跳起用双手将球隔着肖恩·马里昂③甩给了拉加·贝尔②，这下防守者需要作出选择，他们选择了放弃肖恩·马里昂③去补防这样一个错误的决定。拉加·贝尔②起跳投篮的过程中发现肖恩·马里昂③已经进入了空无一人的篮下，他迅速由投篮变为传球，肖恩·马里昂③接到球表演了双手大力灌筐，比分变为96:97，太阳只落后一分（图3-7-3、图3-7-4）。

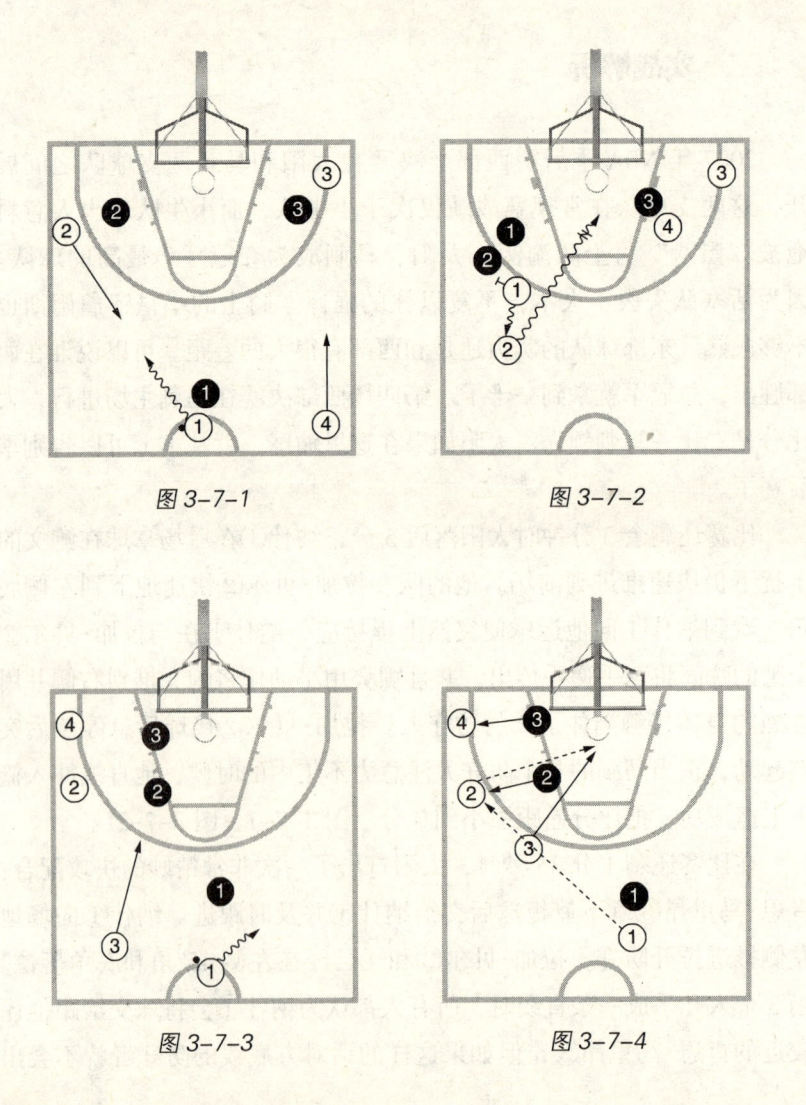

图 3-7-1

图 3-7-2

图 3-7-3

图 3-7-4

表演、冲突和阴谋，NBA 季后赛马刺涮太阳

　　随后纳什①开始展现出了他超强的个人突破能力，用几个变向就运球到右侧弧顶，斯塔德迈尔⑤做了一个 V 形切入后到上线为纳什①掩护，纳什①摆脱防守突入限制区。此时在限制区的邓肯也来协防，却忘记了他自己防守的斯塔德迈尔⑤，纳什①在两人包夹下用他最擅长的背后击地传球，球精准地传到了挡拆后跟进的斯塔德迈尔⑤手上，此时邓肯再来防守已经完全失去了有利位置，已经抵抗不住小斯强悍的移动，斯塔德迈尔⑤小勾手命中（图 3-7-5~图 3-7-7）。

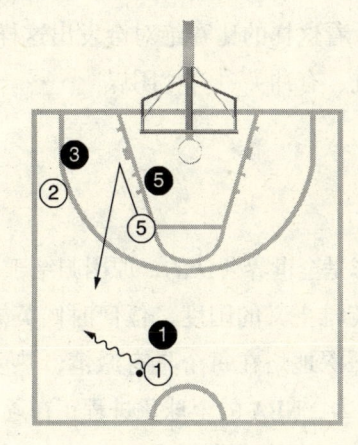

图 3-7-5

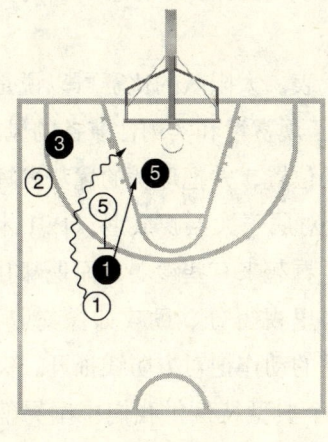

图 3-7-6

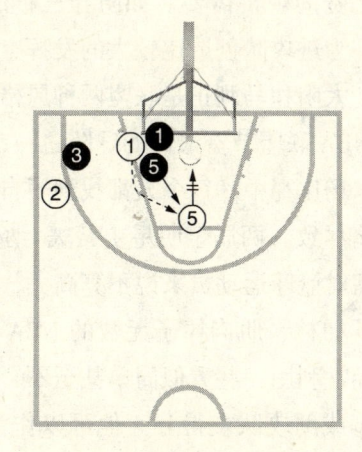

图 3-7-7

189

随后的比赛完全被太阳掌控，马刺在第四节领先的情况下被翻盘，这是相当少见的。可见太阳队充分发挥了他们的攻击力，也极好地在最后阶段遏止了帕克的突破和邓肯的内线进攻。不过在比赛的最后阶段，罗伯特·霍利对纳什恶意犯规，而板凳上的太阳球员斯塔德迈尔和迪奥由于违反了联盟关于板凳球员在场上发生冲突时不能离开替补席的规定，在接下来的一场比赛被禁赛。虽然罗伯特·霍利也被禁赛两场，但这个老狐狸决不会做吃亏的生意，他让太阳队的损失更大，第五场比赛在没有小斯的情况下完败，这也是太阳最后输掉系列赛的重要原因之一。看这样的比赛绝对会发出这样的感叹：这才是篮球，有表演、有对抗、有冲突、有"阴谋"……

三、点 评

NBA 比赛的精彩是全世界公认的，原因归结于：(1) 球星作用，在美国这个崇尚个人英雄主义的国度，任何时候英雄都是不可或缺的。这种英雄主义情节深深地烙在每个具有激情、热爱篮球的人们心中。(2) 市场运作推广得力，NBA 的全球化进程正在逐步加快，像 NBA 中国赛这样的商业推广赛事将越来越多，NBA 的比赛也越来越接近全球的观众群体。(3) 联盟职业篮球规则的不断变化以适应球迷对于精彩比赛的观赏需要。如防守三秒的规则，限制了死占限制区的大个子，为进攻队创造比较大的发挥空间。

太阳和马刺正是联盟两种风格的代表。太阳队的比赛可以说是整个 NBA 联盟节奏最快的球队之一，属于观赏性和实用性兼备的风格。在本场比赛中，每个人都找到了自己的位置，并把球队的优势发挥得淋漓尽致。两届全明星史蒂夫·纳什绝对属于大器晚成型，1.91 米的身高对篮球运动员来说不算高大，甚至看起来有些瘦弱，而他却在高个子如林、肌肉棒子无数的 NBA 联盟里视得分、助攻如探囊取物。他经常利用一些看似简单甚至不合常理的动作把对方防线扯开，突破上篮或助攻队友得分。他可以作为一个典型特例供我们中国男篮学习，我们国家队缺的就是这种可以综观全局，盘活整队打法的并且可以自己拿球得分的组织后卫。

　　太阳队的打法中，穿插跑动和高位挡拆是他们最重要的进攻手段。真正在低位要球的只有斯塔德迈尔和迪奥，其他队友都会不断地跑动寻找空位，利用防守队员瞬间的大意以及内线队员被包夹后产生的空当切入。斯塔德迈尔是一个机动型中锋，太阳主教练安东尼正是利用他快速灵活的特点让他在高位为控球人（一般为纳什）掩护，如果对方采取错位防守，往往会出现两人防守突进限制区的纳什的情况，而斯塔德迈尔则会非常舒服地"拆"到他的投篮点上，纳什的传球也就马上发挥了威力。如果对方不采用错位防守，那么纳什完全可以凭速度击败他的防守者，让对方眼睁睁看着他上篮。除了挡拆之外，纳什经常利用自己的运球做掩护，外线投手迅速出手投三分球。

　　马刺队就是学院派风格的代表，他们防守强悍，进攻战术严格的围绕他们的核心蒂姆·邓肯展开。邓肯超强的个人能力（他的中锋技术完全可以写入篮球教科书）可以同时吸引三人甚至五人的包夹，更为可怕的就是他在人丛中有着极好的视野，能及时将球传给外线等待的投手。他清楚场上发生的一切并能掌控局面，这种既能自己进攻又能助攻队友的超级中锋，是每位教练员都梦想得到的，但又是所有对手的噩梦。已经58岁的马刺主教练波波维奇说，我会在邓肯退役的十分钟之后退休去安享晚年。2007年邓肯与马刺续约两年，合同价值4000万美元，并声称要打到2012年，波波维奇提出了强烈"抗议"，"啊啊啊！这个家伙完全打乱了我的计划，我度假的飞机票都买好了，我这时候应该在我的葡萄庄园品酒才对！"这个花絮足见波波维奇对邓肯这名天才球员的喜爱和依赖。

　　在以往，马刺的球赛往往让人打瞌睡，总是一板一眼地完成进攻和防守。而托尼·帕克成为球队中坚力量之后，他为马刺的打法注入了新的活力。他是NBA中命中率最高的球员之一，因为他的投篮基本是在内线完成，常规赛居然超过所有内线球员成为内线得分最多的人，这对于一个小个子后卫来说几乎是个不可能完成的任务，而帕克就是个例外。本场比赛中他的突破给太阳队的防守造成了极大的冲击，但最后阶段在内线的带球撞人也成为比赛的转折点之一，在关键时刻他还需要更清醒的头脑。

小皇帝崭露头角，
詹姆斯奥本山逞威

一、背景介绍

NBA 2006—2007赛季，常规赛东区排名第二的克利夫兰骑士队季后赛第一轮以四比零的绝对优势横扫了华盛顿奇才队，第二轮遇到新泽西网队，双方经过六场艰苦的较量，网队以二比四败下阵来。众所周知，NBA季后赛一轮比一轮激烈，一关比一关难过。经过十场苦战，骑士队最终和同区排名第一的老牌强队底特律活塞队在东区的决赛中狭路相逢了。

应该说，骑士队在各方面似乎都不如活塞，活塞队阵容整齐，得分点多，季后赛经验非常丰富，尤以防守著称。此次交手，活塞还有主场优势，比骑士多一个主场。活塞开赛就将自己的两个主场全部拿下，而后移师骑士主场，骑士也不甘示弱，先后拿下两个主场，双方战成二比二。2007年6月1日的比赛是关键的第五场，谁赢下这场谁就先拿到赛点，无论是实际形势和心理上都将带来巨大的影响。

2006年活塞对骑士的东部半决赛前两场也是在奥本山宫殿球馆进行，那两场比赛活塞都是以大比分取胜，球打得简直就是大人和小孩玩，虽然骑士后来连赢三场，那也只是活塞陪着骑士玩，为联盟争取票房而已。不过2007年两队在东部决赛中相遇，情况和2006年有很大的不同，虽然活塞连续五年闯入东部决赛，2007年的实力却是最弱的。两个主场都是在半场落后，第三节绝地反击，最后在第四节的最后一分钟艰难取胜。完全没有2006年那种玩骑士于股掌之间的气势，骑士回到主场，詹姆斯很好地总结了自己，只有他自己得分才能带领球队取得胜利，季后赛中只要詹姆斯得分在 20 分以上，骑士都取得了胜利。

"小皇帝"詹姆斯简介：

勒布朗·詹姆斯

国籍：美国

位置：小前锋

生日：1984 年 12 月 30 日

身高：2.03 米

体重：111 公斤

学校：圣温森特——圣玛丽高中

2006—2007 赛季工资：583 万美元

合同情况：4 年 1879 万，2003 年 7 月 3 日签订，2007 夏到期，2006 年 7 月 12 日续约，4 年 6300 万，2011 夏到期，2007—2008 赛季工资为 1246 万，2003 年以状元秀身份加盟骑士队。

在迷恋上篮球之前，詹姆斯酷爱橄榄球。他与老虎·伍兹同一天生日，都是 12 月 30 日。詹姆斯视迈克尔·乔丹为榜样，他穿 23 号球衣，2007 年获得 NBA 常规赛 MVP。

综合评价：勒布朗·詹姆斯，身披 23 号战衣，克里夫兰骑士队的领导者，所以也俗称小皇帝，也有人叫小国王。在 BILL SIMMONS 最不能被交易榜名列第二，同时也是交易价值最高的人，年轻，2.03 米的好身材，超强的运动能力和出色的力量，在场上无所不能，是绝对的全明星级球员。

高中大事回顾：

1. 带领圣文森特——圣玛丽高中篮球队参加了四个赛季的比赛，并荣获 3 次州冠军。

2. 因为 3 次州冠军的杰出战绩，被美联社评为俄亥俄州篮球先生。

3. 2000—2001 赛季入选《今日美国》全美第一阵容。

4. 高中四年篮球生涯中总共获得 2657 分，892 个篮板球和 523

次助攻。

特长：詹姆斯最优秀的技术是传球准确，除此之外，他还具备极棒的力量和身体素质，他的身材和技术的全面性使他能适合场上多种位置。另外，教练员和队友都称赞他具有无私的品德。

二、比赛实录

1. 保护队友险些动粗

本场比赛在活塞的主场进行。经历了四场令人窒息的比赛后，两队的进攻终于有所起色。活塞以 7:4 开局，休斯连续两次三分命中后，骑士将比分反超。两队比分交替上升，在本节还有 47.7 秒时，麦克西尔扣篮得分后，活塞以 28:22 领先。骑士发动攻击，詹姆斯妙传给瓦莱乔，后者准备扣篮时遭到麦克代斯和普林斯的夹击，麦克代斯一把勒住瓦莱乔的脖子，将他放倒在地。詹姆斯不甘心队友受辱，怒气冲冲地从瓦莱乔身上一跃而过，要找麦克代斯理论，结果被队友和裁判员拉住。麦克代斯被吹了恶意犯规，直接被罚出场，被提前请进了休息室，而詹姆斯也吃了一个技术犯规。两队各罚中一球后，活塞以 29:23 结束首节。

詹姆斯率队追击。第二节还有 3 分 08 秒时，他中距离投篮命中并造成犯规，连投带罚拿 3 分。活塞此后投篮不中，詹姆斯运球到前场，然后长传给瓦莱乔，后者扣篮得分，骑士以 47:46 反超。詹姆斯此后又抢下进攻篮板球，补篮得分，骑士将优势扩大到 3 分。不过骑士在本节最后 1 分 32 秒只罚中两球，活塞以 52:51 反超结束上半场。

东部决赛打了 5 场，今天活塞首次在上半场领先。第三节是活塞的天下，前四场他们在这一节都占据了绝对优势。不过今天骑士本节打得更为顽强，几度缩小差距。活塞以 9:2 开始本节，以 61:53 拉开差距。本节还有 6 分 22 秒时，活塞还以 65:58 领先，但帕夫洛维奇还以三分，詹姆斯和瓦莱乔也相继投篮命中，将比分扳成 65:65。活塞再度将比分超出，但他们在本节最后 2 分钟一分未得，吉布森在本节结束前 1 秒投中三分后，骑士将比分扳成 70:70。本节骑士以 19:18

胜出，这是他们在这个系列赛中首次第三节得分超过对手。

2. 两次扣篮逼平活塞

第四节的詹姆斯有如神助，可惜三次罚球不中，错失良机。6分05秒时，詹姆斯中投命中，骑士以81:78领先，不过此后骑士屡次失误，帕夫洛维奇一次漂亮的得分也被吹成进攻犯规，骑士在3分钟内一分未得，活塞打出一波10:0，以88:81超出。本节还有3分钟时，詹姆斯强行突破，投篮命中并造成犯规，虽然加罚不中，但帕夫洛维奇抢下进攻篮板球，古登造成对方犯规后罚中一球，将差距缩小到4分。

詹姆斯再次展示第四节之魔的风采，此后他远投三分命中，接着抢断得手并造成犯规，可惜他两罚不中，错失反超良机。距第四节结束还剩43秒，活塞进攻得手，以88:87领先骑士1分。骑士扳平比分的重任就落在詹姆斯身上，接下来就是詹姆斯的表演，他奉献了两个霸气十足的扣篮，让我们一起来欣赏。

第一扣：詹姆斯从后场带球进入前场，落位如图3-8-1所示。首先古登⑨⓪上来与詹姆斯㉓做挡拆配合，帕夫洛维奇③、斯诺⑳、瓦莱乔⑰三人远远地拉开。紧接着如图3-8-2所示，詹姆斯㉓一个换手变向，晃过防守者起步强行上篮，将球狠狠砸进篮筐，骑士反超1分。

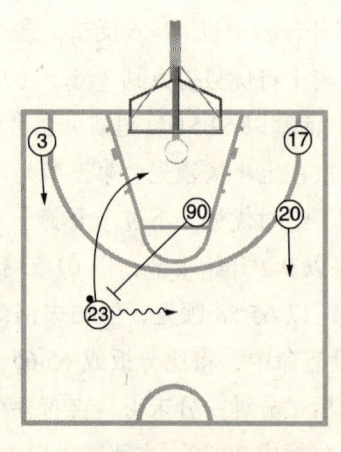

图3-8-1 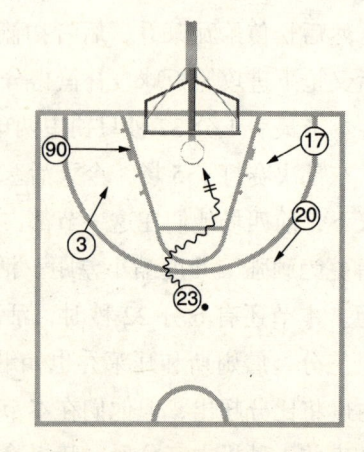　　　　　　　图3-8-2

不过骑士还没回过神来，比卢普斯马上还以三分，活塞又将比分超出，留给骑士 22.9 秒。

第二扣：骑士将关键的一击交给詹姆斯。詹姆斯㉓带球进入前场后在左侧 45°角的地方稍作停留，5 名队员落位如图 3-8-3、图 3-8-4 所示，然后古登⑨⓪上来掩护，詹姆斯㉓佯突一半后又退到右侧 45°角处，斯诺⑳赶紧向底线下，突然只见詹姆斯㉓一个快如闪电的疾起，将防守一步就甩开，大步流星，高高跃起，将球轰然扣进。这时出现了一个非常有趣的镜头：向来以防守硬朗到位著称的普林斯本来站在篮下协防的位置，看到詹姆斯高高飞到自己的头上，他此时本能而识时务地做出了一个非常狼狈的拔腿躲避的动作，而不是跟往常一样非常自信地上来封盖对手，詹姆斯当时的气势由此可见一斑。

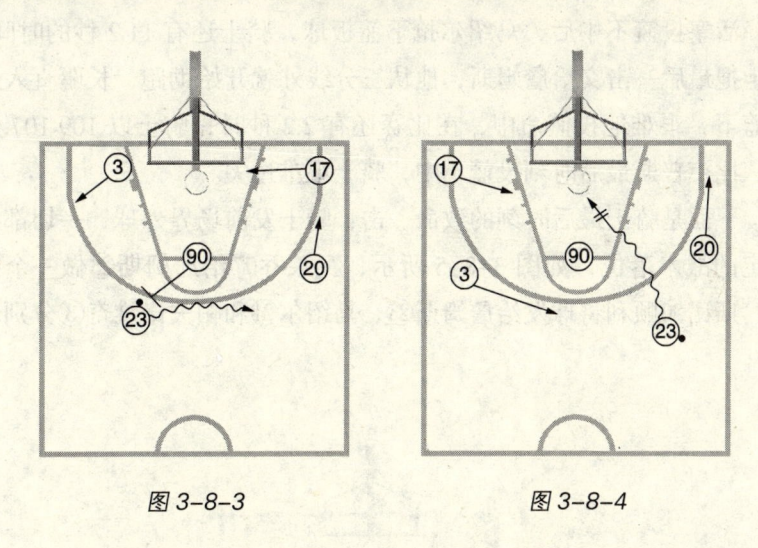

图 3-8-3　　　　　　图 3-8-4

在本节还有 9.5 秒时将比分扳平。比卢普斯最后时刻出手投三分，未能命中，双方进入加时。

3. 包办两加时，一人击败活塞

第一个加时赛，詹姆斯包办了骑士的全部 9 分，可惜仍然被活塞逼平。詹姆斯在加时赛一开始就强行突破，造成犯规后罚球得分。第一个加时还有 1 分 16 秒时，他突破时被绊倒在篮下，裁判员吹了活塞队犯规，詹姆斯两罚两中后，骑士以98:96超出。活塞此后投篮不中，詹姆斯远投命中，骑士将优势扩大到4分。

活塞3分钟未能得分，在这个加时还有30秒时，华莱士才罚中两球，将差距缩小到2分。詹姆斯此后投了一个三不沾，活塞还有6.7秒的进攻时间。比卢普斯强行突破，造成了犯规，两罚两中后，双方再度战平。詹姆斯在中场附近三分不中，双方又一次进入加时。

第二个加时赛，詹姆斯率先得分，不过此后队友连续失手，而吉布森此时也6次犯规被罚出场。活塞连得4分将比分超出后，骑士还得靠詹姆斯，他背后运球过了比卢普斯，在三分线附近投篮命中，两队战成平手。韦伯连投带罚拿下3分，并使伊戈斯卡斯6犯出局。关键时刻詹姆斯在左侧跳投三分命中，将比分扳平。

活塞投篮不中后，马绍尔抢下篮板球，骑士还有11.2秒的时间。骑士把最后一击交给詹姆斯，他从三分线外就开始助跑，长驱直入杀到篮下，艰难地投篮命中，在比赛还有2.2秒时，骑士以109:107超出。比卢普斯最后时刻投篮不中，骑士艰难过关。

下面是骑士最后时刻的致命一击：骑士发前场界外球，一切都按预定的战术落位，如图3-8-5所示，瓦莱乔⑰给詹姆斯㉓做一个掩护，斯诺⑳顺利将球发给詹姆斯㉓，马绍尔㉔和帕夫诺维奇③分别落

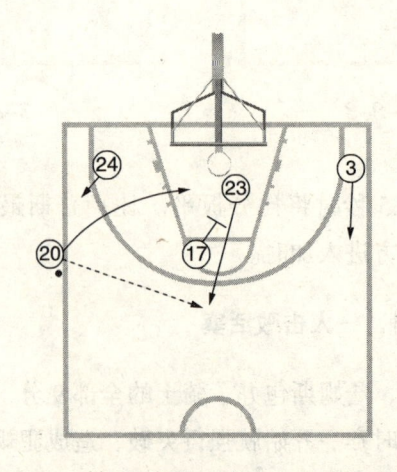

图 3-8-5

于两个底角。此时时间紧迫，只见詹姆斯㉓稍作观察，毅然决定从左路突破，如图 3-8-6 所示，最终他在活塞收缩得不能再小了的内线防守中找到了一丝缝隙，强行钻过以后，一个拉杆将球挑入，让整个奥本山宫殿陷入了少有的寂静。

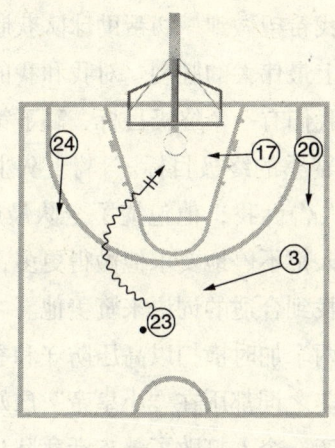

图 3-8-6

三、评　论

詹姆斯赛后表示："我感到有些疲倦，甚至是伤痕累累，我明天要好好休息一天。不过我 2 岁的儿子不会让我安宁，我想应该把他关在他奶奶的房间里面。"对于自己的绝杀球，詹姆斯表示："我感到惊讶吗？不，我今天完成了多次伟大的突破。他们是一支非常伟大的防守型球队，但是我冲击内线的信念不会改变。"

不过活塞队是一支很有弹性的球队，在 2004 年、2005 年和 2006 年，他们均有过在二比三落后的局面再翻盘的纪录。2005—2006 赛季对手正好是骑士队，当时也是骑士队先输两场，随后扳回三场，但是最后活塞队连赢两场晋级。比卢普斯说："我们重新进入这种处境，显然，我们需要去再赢一场。"

对于詹姆斯的疯狂表现，活塞主帅桑德斯表示："我们试图困住他，不让他得球，但是他仍能攻击我们。我希望下场我们能够改进对他的防守。"比卢普斯的表现同样可圈可点，他在常规时间和第一个加时赛两次拯救了活塞队，但是无奈神奇的詹姆斯带走胜局。他说："我们已经做出了一切的防守，但是仍然不能阻止他。"

詹姆斯说道："我希望做到一切帮助球队获胜，这是一场伟大的胜利，是骑士队历史上最伟大的胜利。对我和我的队友来说，感觉都是一样的爽快。但是我们有一个终极目标，赢下第六场比赛。夺取东部冠军，是我们这个赛季的终极目标。"骑士队主帅麦克·布朗则说："在更衣室里面，有人告诉我，他包揽了全队最后30分中的29分，我简直不敢相信。每人都不停地要求他做得更多，他则不停地给予我们更多。我已经无法找到合适的词语来赞美他。"

骑士在客场通过两个加时横扫以高压防守和季后赛经验著名的活塞之后，把所有的溢美之词都用在"小皇帝"詹姆斯身上，都不会显得过分。是的，小皇帝一个人打败了整支活塞队！前两个客场骑士都有机会最后时刻绝杀活塞，但作出传球和跳投两种不同选择的詹姆斯却换来失败的相同结果。而通过第五次鏖战的坚毅和果敢，小皇帝完成了破茧成蝶的蜕变，诗人里尔克说："挺住就意味着一切。"小皇帝在重压之下挺住了，所以他顶天立地!

乔丹之后，有太多的球星生活在"神"的阴影下，卡特、麦蒂、科比、艾弗森、韦德都曾让球迷眼前一亮，可是却终究无法达到神的高度。甚至他们不愿意身着23号球衣，因为这个数字所带来的心理包袱太沉重了，他们背负不起！只有"小皇帝"勇敢地身着23号战袍，对他来说没有什么是不可逾越的，哪怕是篮球之神——乔丹。从一个人支撑一支球队的角度上来看，詹姆斯已经超越同年龄时的任何前辈！

休斯是带着瘸腿勉强上阵的，大Z拖着笨拙的身躯作最后一搏，而其他龙套球员更是不值一提，他们能给詹姆斯带来的帮助实在太有限了。詹姆斯的伟大就体现在带动整支球队的特殊能量上，无论是过五关斩六将的飞身暴扣，还是外围拔起高难度的后仰跳投，他总可以让活塞最完美、最稳固的防守轻易撕裂。应该说活塞的防守足够严密，对于"小皇帝"的"虽千万人吾往矣"的飙分，我们只能解释为他的天才是非人力所能限制的。

就在火箭姚麦双星闪耀还要靠第三强点支援的时候，就在自称联盟第一的科比为队友的平庸大演转会闹剧的时候，"小皇帝"却用自己的表现实现了君临天下的统治力，他不需要依仗身旁的任何人，而只有乔丹和神才可以做到这一点。詹姆斯打破了"比赛是五个人的"那句恶俗的广告词，下一次阿迪达斯该请詹姆斯拍一个新版本的广告片："篮球是詹姆斯一个人的!"

詹姆斯的防守技术和篮球意识一直是某些人诟病的对象，但从与活塞对峙中明显可以觉察"小皇帝"的成熟，如果他做得不是最好，也是足够优秀。而其身体力量、弹跳、柔韧性和爆发力的优势又是当今NBA巨星所难兼具的。在讲究高速度高对抗的NBA赛场上"闪电霹雳""弹簧飞人"和"肌肉棒子"并不少见，难得的是詹姆斯的力量是深深植根在篮球之上的，他的球感和天赋注定了其不同于那些"田径和橄榄球队员"。

骑士队在被普遍不被看好的情况下率先拿到挺进总决赛的赛点，不是说专家和媒体低估了骑士整体的能量，而是没有想到"小皇帝"从新一代偶像到超级巨星的转变会来得这么早!现在来看联盟老大斯特恩对"小皇帝"的推崇绝对是有先见之明，为什么纳什、科比、麦蒂、韦德那么多值得力挺的人物，他唯独偏爱詹姆斯?原因很简单，前几位是巨星，而詹姆斯是巨星里的巨星，他还年轻，他有足够的时间提高自己!

图书在版编目（CIP）数据

篮球经典战例解析／池建，毕仲春主编.
—北京：人民体育出版社，2008
ISBN 978-7-5009-3370-0

Ⅰ.篮… Ⅱ.①池… ②毕… Ⅲ.篮球运动—运动竞赛—战例—世界 Ⅳ.G841.73

中国版本图书馆 CIP 数据核字（2008）第 018459 号

*

人民体育出版社出版发行
三河兴达印务有限公司印刷
新 华 书 店 经 销

*

787×960　16 开本　13.5 印张　250 千字
2008 年 5 月第 1 版　2008 年 5 月第 1 次印刷
印数：1—5,000 册

*

ISBN 978-7-5009-3370-0
定价：28.00 元

社址：北京市崇文区体育馆路 8 号 （天坛公园东门）
电话：67151482（发行部）　　邮编：100061
传真：67151483　　　　　　　邮购：67143708
（购买本社图书，如遇有缺损页可与发行部联系）